LA PELUQUERÍA PERFECTA

Las 5 claves de un negocio de peluquería exitoso
Coaching para peluqueros curiosos

Fernando Suarz

*Dedicado a mi hijo Óscar por ser
el que me enseñó lo que es el amor
incondicional, a mi compañera de vida
Cesca, por hacerme recuperar la ilusión
por la peluquería con su pasión por esta
profesión, y a mis padres, por darme el
tiempo para escribir este libro.*

Gracias a todos.

Un libro escrito desde el corazón
para todos mis amigos peluqueros.

Fernando Suarz

ÍNDICE

INTRODUCCIÓN.. 11

CAPÍTULO 1: Tú y tu peluquería........................ 15

CAPÍTULO 2: El negocio.................................... 33

CAPÍTULO 3: El local.. 51

CAPÍTULO 4: Los números claros..................... 61

CAPÍTULO 5: El marketing y el lanzamiento 75

CONCLUSIONES FINALES............................. 85

TRIBBEAUTY... 93

INTRODUCCIÓN

OCHO de cada diez negocios que se abren en esta industria de la belleza, cierran en menos de cinco años, y la mayoría no llegan a cumplir el primer año de vida.

Este es un dato escalofriante que siempre me ha llamado la atención y desde hace ya muchos años esta tendencia no ha cambiado.

Hace ya algún tiempo que me dedico a ayudar a diferentes profesionales de la peluquería a que puedan comprender y descubrir ciertas herramientas y técnicas que les ayuden a tener negocios prósperos y que tengan la oportunidad de que su negocio pertenezca a ese 20% de peluquerías que sobreviven y prosperan. Nos encontramos en una industria muy complicada, donde hay una competencia muy grande, en ocasiones exagerada. Esto sucede en gran medida a la barrera de entrada al negocio, que en ocasiones es muy pequeña en cuanto a la inversión y los conocimientos que se deben adquirir, o eso, es lo que piensan muchos que se equivocan al elegir esta profesión.

Cuando hablamos de barrera de entrada nos referimos precisamente a la inversión inicial que hay que hacer en este negocio y a que es accesible a un gran numero de personas. En otros negocios hay más complejidad con las inversiones y con el conocimiento técnico que hay que tener. Si quiero poner una fábrica, me será mucho más complicado entrar en el negocio porque tendré que disponer de un capital muy alto para realizar esa inversión e iniciar mi proyecto, además, necesitaré contar con más gente cualificada.

En la industria de la peluquería nuestras inversiones suelen ser más bajas, por norma general, y los conocimientos más técnicos dejan mucho que desear en la gran mayoría de ocasiones. Hay muchas personas que construyen su negocio de peluquería con muy poco dinero y sin apenas conocimiento. Esta coyuntura no es que sea errónea, pero sí entorpece en ocasiones los intereses de los que lo hacen bien. Por supuesto que todos tenemos el derecho de empezar desde cero o con lo que tenemos, pero en ocasiones esta profesión o negocio se ve más como una alternativa a no soy nada o no valgo para otra cosa; este es el primer error que cometen muchos al pensar que este negocio resulta fácil y lo hace cualquiera. Hoy día la especialización y la exigencia del público es cada vez mayor y eso beneficiará a los buenos profesionales y a los que estén al día profesionalizando su negocio y transformándolo en una empresa seria.

Lo que vamos a descubrir con este libro es cómo hacer las inversiones adecuadas, no por poco dinero, sino porque sean las adecuadas para ti, para tu caso, para el estilo de peluquería que quieres tener y para que no sobrevivas sin más, para que puedas vivir bien de lo que te gusta y de lo que te apasiona.

Si no te gusta la peluquería y lo quieres hacer como un negocio más, para ganarte la vida, mejor que busques otra cosa, porque éste es un negocio complejo, no es tan fácil como podemos ver desde fuera, no es tan sencillo, requiere mucho esfuerzo, mucha dedicación y sobre todo muchísimo entusiasmo y pasión.

Se requieren ciertos dones que tendrás que descubrir, aprender y entrenar. De cada mil alumnos que entran en una escuela solamente entre el 20% y 15% son los que realmente valen y tienen esos dones adecuados, las ganas adecuadas y la actitud adecuada para poder incorporarse al mundo laboral de la peluquería, y por ende, poder abrir un futuro negocio dentro de este sector.

Lo tenemos bastante complicado al principio en muchas de las decisiones que vamos a tomar, hay mucha gente que se quiere meter en este negocio, pero es cierto que también hay mucha gente que no tiene o no reúne los requisitos adecuados, ya sea por unas cosas o por otras, los cuales analizaremos a lo largo de este libro.

Espero que tú las detectes en ti, lo que tú estás haciendo y pensando, para que puedas corregirlas o para que puedas cambiar de negocio, porque al final decidas que este no es tu sector, o la peluquería no está hecha para ti.

Con esto no os quiero quitar el ánimo a nadie, al contrario, quiero que lo que se desarrolle en el libro sea claro y conciso, y que sea de ayuda al 100%. Si no hablamos claro y andamos tirando flores a todo el mundo, no vamos a poder detectar nuestros errores.

Este libro va dirigido a ti, si ya tienes una peluquería en funcionamiento y quieres descubrir ciertos aspectos que no estás haciendo bien y que podrás corregir. Para todo aquel emprendedor o profesional que

> *«La peluquería perfecta no es la que tú te imaginas, **es la que se imagina tu cliente.**»*
>
> **Fernando Suarz**

está pensando en abrir su negocio de peluquería, independiente-
mente del formato y forma del salón, peluquerías de señoras, de
caballeros o mixtas que tengan el propósito real de iniciarse en esta
profesión de forma profesional.

Te invito a que lo leas con calma, que pongas toda tu atención
y que una vez lo hayas revisado, no dejes de volver a consultarlo
como un manual práctico, porque este libro es una experiencia
de vida en el sentido de que todo lo que te cuento aquí ya lo he
vivido, lo he puesto en práctica y sé a ciencia cierta que funciona.
No lo digo simplemente porque piense que es así. En ocasiones
las experiencias y las pruebas que he realizado me otorgan ese don
de saber, por llevar las marcas del fracaso y las medallas del éxito.

A lo largo de mi vida profesional he realizado más de 50 aperturas
de peluquerías y centros de estética. Entre todas, he hecho alguna
que no ha salido tan bien, otras que han salido fantásticamente bien,
y otras fatal, te lo aseguro. Por tanto, esta experiencia de vida te puede
ayudar muchísimo a que acortes ese camino hacia el éxito y lo que
quieres lograr de tu negocio. Como se suele decir, yo ya lo he vivido.

En los primeros capítulos vamos a hablar de ti, de cómo te
encuentras, de tu psicología. Más adelante hablaremos de los
puntos principales que tiene ese salón de éxito, para quién lo
tienes que preparar, y por qué lo debes hacer así.

Te invito a que disfrutes de esta lectura y saques tus propias
conclusiones al final del libro y realices las correcciones que descubras para que mejore tu proyecto.

Tendrás múltiples ideas nuevas y formas de pensar que te ayu-
darán a algo más que abrir una peluquería. No es un manual
práctico, es un libro escrito desde la emoción de ser como tú y de
sentir como tú.

CAPÍTULO 1

Tú y tu peluquería

«Recortas y moldeas tu pelo,
pero casi siempre olvidas
recortar y moldear tu ego.»

Albert Einstein.

UNO de los errores más comunes que cometemos al inicio de cualquier proyecto de peluquería, es pensar en el yo. En que yo quiero montar una peluquería, quiero hacer un negocio para mí... eso nos aleja muchísimo del éxito y resulta ser muy peligroso, pues siempre que trabajas con el ego y con tu **YO**, te separas irremediablemente de tu objetivo final.

Cuando abres un salón de peluquería el objetivo es que el cliente que entra por la puerta, esa puerta que tú vas a abrir a un público, salga con una satisfacción total, a la vez de recibir un servicio y una atención espectacular.

Esto es lo que a lo largo del libro vamos a llamar **"un servicio de 11"**, que esté por encima de la media. Si no lo está, mejor no abras un negocio como éste. Hoy día tienes que ofrecer un plus en varios aspectos de tu peluquería que te hagan destacar y encantar a tus clientes. Si lo que haces no emociona a tu cliente no tendrás mucho futuro; hablaremos más adelante de cómo emocionar y qué herramientas debes de usar para ello, pero ahora lo importante es entender más sobre ti.

Recuerda la frase con la que iniciamos el libro y que es la base de este negocio: *La peluquería perfecta no es la que tú te imaginas, sino la que se imagina tu cliente.*

17

A partir de ahora tienes que empezar a pensar lo que quieren tus clientes potenciales. Los clientes que quieres captar para que se acerquen a tu salón a realizarse los servicios que tú vas a ofrecer. En el momento que estás pensando "tú, tú, tú, yo, yo, yo", no piensas en ellos o literalmente no los tienes en cuenta, estás cometiendo el primer error básico de todos los negocios del mercado, no solo de esta industria, esto serviría para cualquier emprendedor.

Cuando estamos hablando de servicios, es importante saber que los estamos ofreciendo a otras personas, no los hacemos para nosotros. Nos tenemos que centrar en lo que desean esas personas de nosotros y qué podemos hacer nosotros por ellas que les encante.

¿Qué problema soluciono yo?

Ahí es donde tienes que poner el primer foco de atención importante para abrir un negocio exitoso.

Inicialmente puedes pensar en varias cosas, pero si estás pensando en que el problema que vas a solucionar es que tienes que ganar dinero tú, ese es otro gran error, el de abrir un negocio para ganarme la vida y ganar dinero, y cuando toca pensar en los clientes son los últimos de mi lista. Los clientes tienen que ser los primeros de tu lista y tu prioridad. Lo mejor que puedes hacer al inicio es olvidarte un poco de ti y pensar en qué problema eres capaz de solucionar a las personas con tu conocimiento y tus habilidades.

Piensa y reflexiona en lo que te va a diferenciar de esa competencia feroz, lo que te hace único y especial. A esta cuestión es a la que te tienes que enfrentar, a la necesidad imperante y al problema que pueden tener los clientes hoy en día.

Como has podido intuir, esto no es fácil por una razón más bien interna, nuestras emociones y nuestra manera de ser o mejor dicho lo que somos a día de hoy.

Nuestras necesidades y nuestro ego siempre nos invitan a pensar más en nosotros mismos y nos juega esa mala pasada donde la ilusión y el **YO QUIERO** lo enturbian todo y nos hacen perder la perspectiva del negocio.

*«**Yo** elijo porque a mí me gusta el color verde.*
*Porque **yo quiero** y porque me da la gana.»*

Yo me preguntaría si a tus clientes les gusta el color verde. ¿Qué significa, qué le hace sentir a mi cliente, para qué sirve, y si me ayuda a mí y a mis clientes en algo? No se trata de lo que te guste a ti, sino de lo que realmente el cliente pueda sentir como una parte del servicio que vas a ofrecer, que pueda percibir es+a calidad en lo que tú has hecho para que el se sienta bien, se emocione con el resultado y quiera repetir volviendo a tu negocio una y otra vez. Esa es la manera correcta de pensar y de iniciar cualquier negocio.

Si cuando piensas en construir tu peluquería, te centras y te enfocas exclusivamente en el cliente, las cosas van a empezar a ir mejor. Cuando te enfocas en tus gustos, en tu ego, en lo que tú quieres y te gusta, puedes cometer el error de que en el negocio estés tú solo, porque solo te gusta a ti, y en último caso a tus familiares y amigos.

*«Solo los que logran **emocionar** a sus clientes y construyen relaciones profesionales de confianza con ellos llegarán a lograr resultados exitosos.»*

Fernando Suarz

19

Para resumir. Recuerda siempre que vas a abrir un negocio en un mercado competitivo, tienes que solucionar un problema que haya en ese mercado o hacerlo mejor que tu competencia.

¿Cuál es el problema que solucionamos cuando vamos a abrir una peluquería?

Hay personas ahí fuera que se quieren sentir bellas, que necesitan tus servicios por higiene, que necesitan sentirse con más autoestima. Tenemos diferentes opciones que cubrir y que pensar.

Hay personas que quieren un servicio ecológico, otras una peluquería de lujo, o una peluquería económica. Éste es el pensamiento correcto para encontrar tu sitio en el mercado.

¿Qué tipo de peluquería es la que te agrada y qué problema vas a solucionar con ella?

Para llevar a cabo todo lo que te estoy contando tienes que tener en cuenta que tu psicología, tu actitud ante el negocio es muy importante antes y después de abrir.

Nos sobra talento. Estamos en una sociedad talentosa donde la gente cada día aprende más rápido y las habilidades florecen como setas, gracias a la tecnología vemos talentos que antes estaban escondidos o que no se desarrollaban, ahora con la información y el fácil acceso al conocimiento estamos desbordados de talento.

«Cada vez nos sobra más talento, pero nos falta
más actitud y más orientación al cliente.»

Fernando Suarz

Todo va a depender de tu actitud

Y de cómo día a día consigas mantener esa actitud e ilusión adecuada delante de tus clientes, cómo consigas sonreír, hacerles sentir bien, cómo logres entenderles, comprenderles y ser una persona amable con todos y cada uno de tus clientes y de las personas que pasen por tu vida. Es la estrategia más simple que te puedo plantear para tener un negocio, y yo me pregunto, *¿Porqué tan pocos son los que lo hacen?* La respuesta está en tu interior como dijimos antes y como seguiremos aclarando.

Sé amable

Sé amable, sé amable, sé amable siempre y a cada momento, logra que esa actitud que necesitas sea realmente el imán de atracción para todos los clientes que tú deseas en tu centro. No importa tanto tu talento, te aseguro que hay mucha gente talentosa que no lo esta pasando bien económicamente.

Por el talento se van ciertos clientes de tu salón, pero no tantos como tu crees, está calculado que un 14%, pero por tu mala actitud o falta de atención se van un 60%.

¡Increíble! ¿Verdad?

Puedes tener mucho talento, pero si la actitud y amabilidad no está acorde con el cliente que entra por la puerta, por mucho talento que tengas simplemente vas a sobrevivir en este negocio a duras penas, estando condenado a llegar justo a fin de mes.

Si además no tuvieras talento, te tocaría estar entre ese porcentaje de salones que cierran en el primer año sin más remedio que

21

dedicarte a otra cosa. He visto a cientos de personas estudiar esta profesión para acabar de cajeras en un supermercado, no tengo nada en contra, por supuesto, es igual que el que estudia para abogado o empresariales y acaba repartiendo periódicos.

Un detalle importante sobre este tema es que todo lo que te propongo hasta ahora es gratis, sí... así es, tener todo esto no vale nada económicamente, y sin embargo es lo que más nos cuesta o a lo que menos atención prestamos al inicio, siendo el pilar básico de cualquier proyecto de emprendimiento, y una peluquería es un negocio, recuérdalo siempre.

En muchas ocasiones cuando nos damos cuenta de esto es demasiado tarde y es irrecuperable, por la sencilla razón técnica de que primero hay que recuperar a la persona y luego el negocio. Presta atención y no te olvides nunca de ti, hablaremos de esto un poco más adelante.

¡Tu psicología es importante o lo siguiente!

Si no te encuentras bien emocionalmente, si no te encuentras equilibrado, tu negocio va a sufrir, y tú vas a sufrir con tu negocio. Por eso os invito a prepararos psicológicamente, a hacer una mejora de la actitud. A que definitivamente vuestra vida personal acompañe a vuestro negocio, a que os sintáis felices, sintáis placer con lo que hacéis, con lo que sois, y lo que proyectáis en los demás.

Si todo esto no está presente en tu vida y tu vida es un desastre, tu negocio será un desastre total. Por eso, haz un cambio de actitud desde ya. Mira a tu alrededor y observa qué vida tienes y como está en este momento. Obsérvala con atención y corrígela

22

antes de abrir un negocio. Tu vida personal es de gran relevancia a la hora de emprender y el equilibrio te hará sentir mejor, con más energía y con el pensamiento más claro para tomar buenas decisiones.

Busca un equilibrio personal, siéntete feliz. Cuando te sientas así, estarás preparado en actitud y mentalidad para poder abrir ese negocio de éxito y afrontar los retos que se plantearán en el camino.

Tu autoestima o tu amor propio.

Otra de las cosas en la que también fallamos mucho, o más bien muchísimo, resulta ser nuestra autoestima o la falta de amor propio. Aún pareciendo una contradicción en contra de nuestro poderoso ego, que normalmente proyectamos como defensa de nuestras carencias internas.

No nos sentimos bien con nosotros mismos en muchas ocasiones o circunstancias. Pensamos que no somos del todo merecedores de una buena vida, de tener éxito, que tenemos que hacer un esfuerzo muy grande para conseguir una recompensa muy pequeña. Esa carencia y esa falta de autoestima también ralentiza muchísimo nuestro éxito en los negocios. Todo este comportamiento interno es debido a nuestras creencias y a como nos educaron o entrenaron, pocos, incluido yo mismo, recibimos las creencias correctas para ser emprendedores o propietarios de negocios, por eso siempre recomiendo realizar formaciones de coaching que refuercen tus nuevas creencias y sobre todo que te hagan sustituir las que no te dejarán avanzar o que te lastrarán en tu desarrollo profesional. Es vital reforzar tu autoestima y amor propio.

23

Una de necesidades y problemas que viene a solucionar un cliente a un centro de peluquería, es mejorar su autoestima a través de su imagen personal, y si la tuya no es adecuada probablemente no estés dando un servicio bueno o excelente a tu cliente.

Serás capaz de dar tanto amor a los demás como te lo des a ti mismo. Si no te quieres a ti mismo, la peluquería puede ser un infierno para ti. Sinceramente es una de las taras de muchos profesionales con los que me encuentro, no se encuentran bien, quieren tener más clientes, más dinero y buscan soluciones, pagan y pagan a expertos, porque la culpa la tiene el negocio y no ellos. Yo los veo y con toda mi pena escapo de esa gente porque sé desde el primer segundo donde está el problema y no puedo hacer nada, porque ellos no quieren cambiar, y si tú no quieres cambiar, no hay marketing o idea que salve tu negocio. El secreto del éxito está en ti.

Como te he dicho antes para mejorarlo, lee libros, haz cursos, entrena tu parte interna y más espiritual. No abras nunca un negocio con una autoestima baja o sin sentir que ya eres feliz solo por el echo de estar en este mundo y ser lo que eres, un ser humano increíble.

> *«Una persona puede fingir muchas cosas,*
> *incluso la inteligencia, lo que nunca se puede*
> *fingir es la **felicidad**.»*
>
> **J. L. Borges**

Eso nos lleva a tu imagen personal

Estamos en un negocio en el que uno de los productos que vendes es tu imagen personal. **¡Sí!** has leído bien, **tú eres una**

marca, un producto más al que hay que darle forma y formato, el producto principal sin ninguna duda. Si no va acorde con la industria en la que estás trabajando, puedes tener un problema de coherencia o congruencia, entre lo que quieres ofrecer y lo que eres. Esto no quiere decir que seas estrambótico, o que lleves mil tatuajes, hagas cosas raras o quieras ser como otros que sí tienen esa imagen de marca. Tú vas a definir tu tipo de cliente, para el que quieres trabajar o atraer. Recuerda algo muy importante, las personas buscan a otras iguales que ellas. Tu imagen personal va a ser algo más dentro de tu concepto de negocio, tendrás que ir acorde y ser congruente, igual que con la decoración de tu local y los demás detalles, todo suma y cuenta, como vayas peinada, vestida, arreglada... para el hombre en una barbería resulta igual. Qué tipo de cliente quieres, qué imagen tienes o mejor dicho, piensa... ¿Cómo te perciben los demás?

Esto requiere que tengas una imagen personal adecuada y encajada dentro de lo que tú vas a buscar en tu negocio de peluquería. De ese cliente al que le vas a solucionar un problema. Repito, no puedes ser incongruente con esto, es otro de los factores que te harán tener éxito, selecciona un público con el que estés a gusto y no fuerces tu imagen, todos no tenemos la misma educación o el mismo gusto. Y en caso de que quieras acceder a un público para el que no estés adecuado porque lo ves interesante, siempre podrás entrenarte y adaptar tu imagen personal y tu educación a lo que deseas, es cuestión de proponérselo y de hacerlo.

Si montas una peluquería de alto standing y estás lleno de piercings, tatuajes y camisas recortadas enseñando el sobaco, probablemente esa imagen no está acorde a una peluquería de alto standing donde el cliente espera encontrar algo elegante, fino, distinguido, gente arreglada, limpia, cuidada, aseada y con un nivel de educación y atención extraordinario. Siempre hay una excepción, pero que estas excepciones de lo "no" normal no te confundan. Las excepciones pertenecen a unos pocos privilegiados y no las podemos tomar como una referencia para iniciar nuestro negocio. Quizás algún día puedas estar dentro de ese grupo de personajes, pero de momento, haremos las cosas bien antes de eso.

Aquí hay muchas críticas y controversias. La gente dice que la imagen no importa, que cada uno es como es. Está bien que seas así, nadie te dice que seas de otra manera. Pero si quieres abarcar un sector, un tipo de cliente, te tienes que adaptar a ese tipo de cliente. No te estoy diciendo que cambies, te estoy diciendo que elijas bien el tipo de cliente al que vas a dirigirte. Por mí puedes ser como tú quieras, a mí no me molesta, mi elección es fácil, si no me gusta lo que veo en tu negocio, con no entrar lo tengo fácil, pero como yo, así harán los demás clientes, te lo aseguro. Al final, tú decides.

Si te equivocas en esto y no aciertas con tu imagen de marca puedes estar dando un servicio por debajo del que quieres dar. Y siempre te quedará la famosa frase de los fracasados. **"YO SOY ASÍ"** y luego la rematas diciendo... **"EL QUE QUIERA QUE VENGA Y EL QUE NO QUE NO VENGA".** Estas dos frases asesinan la prosperidad de tu vida y de tu negocio.

Tu imagen personal es un valor añadido a esas instalaciones e inversión que vas a hacer.

Esto nos lleva a otro sentido, a otro camino o discusión. Tu cultura. ¿Qué nivel cultural tienes? ¿Qué tipo de cosas te gustan?

Estamos en una profesión en la que el tiempo que pasamos con nuestros clientes suele ser largo. No es un servicio de probarse un zapato, comprarlo y marcharte. Normalmente la gente que se hace un color o trabajo técnico, está a nuestro lado de 1 a 3 horas como mínino dependiendo del servicio que le realices, y durante ese tiempo hay que conversar con ellos. Seguro que no vas a estar todo el rato vendiendo, perdón, eso de vender no es para ti, ni hablando de peluquería ¡*Mecachis!* Esto tampoco, mejor habla del tiempo, de tus cosas, o del cotilleo... (ironía).

Dejando a parte mis ironías, tendrás que tener conversaciones, y por suerte o por desgracia para muchos tu nivel cultural se notará, y también va a determinar qué tipo de cliente te va a entrar o no. Eso también es importante y es un valor a tener en cuenta. Es otro valor añadido y de calidad a tu proyecto.

Si ves que tu cultura es baja, no lees mucho, ves mucha televisión y quieres que tu peluquería tenga una gama alta, a lo mejor tienes que dejar la tele y leer más libros o estar más informado de ciertas cosas que le puedan interesar a tu público. El objetivo es siempre que el centro de atención y el foco esté en tu público, no en ti.

Estamos hablando de que tú utilices tu imagen, tu autoestima y tu cultura como una herramienta más, que dé valor añadido a ese público que quieres atraer.

Cuando tengamos esta parte cubierta y adaptada, hablaremos del tema de conocimiento técnico, tu experiencia profesional.

La pregunta final es... *¿Lo que yo quiero hacer es adecuado al público que quiero captar? ¿Estoy a la altura del precio que voy a poner a mis clientes?*

«*Su **marca** es la inversión más importante que puede hacer en su negocio.*»

Steve Forbes

Tu conocimiento técnico

Otro área en el que podemos cometer errores graves. Hay clientes que no solo se marchan de los salones por un precio alto, muchos se van por un precio demasiado bajo, está estimado que por este efecto del precio puedes perder hasta un 10% de tus clientes. Por tanto, tu conocimiento técnico será una de las habilidades a tener en cuenta a la hora de fijar los precios y va a influir en esta variable y en la selección final de tu menú de servicios y precios. Tienes que tener en cuenta que esta profesión es de avance constante. No solo avanzan las modas, sino también la tecnología sobre los productos, aparatología, los tiempos se acortan, la sociedad cambia de hábitos, cada vez hay más factores o variables que tener en cuenta. Tienes que estar muy al día. Recuerda que tus conocimientos técnicos si hoy son un 10, mañana puedan ser de un 7 o un 6 y así pueden menguar de forma constante, la formación y la actualización forman parte de nuestra profesión, no actualizarse constantemente es cavar tu propia tumba en este negocio.

La pregunta que hace un cliente en todos los salones del planeta es... **¿Qué se lleva ahora?**

¿Cómo acertar con mi cliente ideal entonces?

Siempre tienes gente a tu alrededor. Tus contactos son importantes porque si observas a la gente que tienes a tu alrededor te vas a dar cuenta de cómo son. Probablemente esa gente que tienes a tu alrededor sean las personas o potenciales clientes a los que te tienes que enfocar, porque son tus familiares, amigos, gente que conoces... tienes que ver con qué gente te sientes a gusto, recuerda el refrán que dice: *"Dime con quien andas y te diré quien eres."*

Mira cómo son tus amigos y la gente que te rodea. Aquí tienes dos opciones, o les repudias porque no te gusta lo que ves y quieres trabajar para otro tipo de público, o quieres trabajar para un público similar. Tú decides, siempre eres tú el que tiene la última palabra. Muy importante que manejes esa visión de cómo es la gente a tu alrededor. Te ayudará a elegir un camino. Lo que te comento es para que al menos tengas un punto de referencia para definir ese público ideal para ti.

A parte de estas palabras, con todo lo dicho anteriormente tienes muchas referencias para poder definir a estas alturas el tipo de cliente que te gustaría captar. Seguro que según avanzas en la lectura vas entendiendo y configurando en tu cabeza la peluquería perfecta. Espero que así sea, seguimos adelante.

¿Cuanto dinero tengo?

Luego se nos plantea el primer problema operativo. Si todo esto lo vas arreglando y lo vas teniendo claro, entramos en uno de los problemas principales para iniciarse en el negocio. El capital. ¿Cuánto dinero tengo para hacer mi inversión?

A lo mejor estás hablando de que quieres un salón de lujo, un gran salón, pero tu capital no está acorde a lo que tú deseas.

Entonces tendrás que empezar de otra forma, y luego ir poco a poco dando el salto y acercándote hacia ese salón ideal en el que estás proyectando ese servicio perfecto.

Recuerda que si tienes que empezar desde abajo, es posible, pero métete el virus de la prosperidad en el cuerpo hasta que te enferme tanto que quieras crecer e ir a más en tu vida. Nunca dejes que empezar desde abajo te condene precisamente ahí, abajo.

Si no tienes ese dinero inicial, tendrás que bajar el listón si quieres empezar por algo. Un negocio también es futuro, no tienes por qué estar estático. Recuerda que nada es para siempre y un negocio menos, tiene sus tiempos que debes entender.

Un gran maestro que tuve me decía: si dentro de 5 años te gusta lo que estás haciendo hoy es que no has avanzado nada. Te aseguro que es así, yo en ocasiones miro atrás y me avergüenza literalmente lo que hacía hace 5 años, luego recuerdo estas palabras y me alegro de ese sentimiento de vergüenza porque quiere decir que he avanzado muchísimo, esa es la pista de que voy bien encaminado.

Tu negocio no va a ser para siempre. Los ciclos de cambio se van a producir cada cinco años, o lo cambias, o lo amplias, o ganas el dinero suficiente para expandir tu vida y tu negocio, o lo cierras, o te lo cerrarán los clientes, no viniendo. Tienes que estar preparado siempre para los cambios, para invertir y avanzar, quedarse atrás no es una opción en esta industria.

¿Tienes un plan?

Si no tienes un plan va a ser muy difícil que llegues a algún sitio.

«Si no sabes dónde vas, cualquier camino te vale.»

Lo más importante es que tengas un objetivo claro y cumplas un plan. El plan es ese camino que vamos a trazar para llegar a ese objetivo final. El plan lo desarrollarás en función de todo lo que estás descubriendo en este libro, esa es la intención, que te sean útiles todas estas ideas para que las apliques en tu plan. Tendrás un plan específico y un rumbo adecuado para saber hacia dónde te diriges, si eres capaz de ponerlo por escrito y definir a dónde te diriges, de forma clara y concreta todo será mucho más fácil.

Lo importante es que te sientas motivado. La motivación es tener un motivo. Un motivo que te mueva hacia donde tu quieres.

Tener un objetivo claro más el motivo te trasladará de forma contundente hacia donde quieres llegar. Si además es un gran motivo y lo acompañas de un gran por qué, estarás en sintonía con tu plan.

Hay que tener un buen plan, no un plan cualquiera. No tener un plan es el mejor plan para fracasar, por eso inevitablemente tienes un plan, ya sea para bien o para mal. Hay que tener un plan de hoy en día, no uno obsoleto o cutre. Por eso estamos hablando de tu psicología, del equipamiento de serie que tienes que tener y de cómo te tienes que sentir para poder afrontar un negocio como el de la peluquería. Parece un poco tonto pero todo siempre va a empezar y acabar en ti.

La pregunta final que te lo puede aclarar todo es una que muy pocas veces nos hacemos, o la mayoría nunca se la hacen. Te invita a la reflexión y a que sepas algo más de ti.

¿Quién eres tú?

Si eres capaz de escribir tres líneas diciendo quién eres, probablemente empieces a entenderte mejor a ti mismo, y empieces a tener un rumbo adecuado en la vida, tu plan se

31

configurará mejor, será más fácil trazarlo y ponerlo en marcha, lo harás con un ritmo sin esfuerzo. No hay nada, que te haga avanzar más en la vida, que descubrirte y conocerte a ti mismo.

> *«Ayer fui inteligente y quise cambiar el mundo,*
> *hoy soy sabio y voy a cambiarme a mi mismo.»*

CAPÍTULO 2

El negocio

«Crecer es construir un lugar
donde siempre quieras volver.»

Santiago Pajares (Escritor)

VAMOS a hablar del negocio en sí, del negocio físico, de todo lo que vas a tener que decidir a partir de ahora si quieres tener tu peluquería. Son muchas decisiones, no son pocas las que tendrás que tomar. Por eso vamos a hacer una pequeña guía con todo lo que vas a tener en cuenta para que todo salga bien y se cumplan los plazos para poder hacer esa apertura.

Lo primero que tienes que hacer es decidir qué tipo de peluquería. Hay varios tipos en los que tienes que encajar. No es lo mismo una *barber*, o una peluquería mixta, una *low cost*, una de gama media donde los precios sean medios, y tampoco es lo mismo abrir una peluquería de gama alta donde los precios sean muy caros. Tampoco es lo mismo abrir una peluquería de autor.

Tenemos diferentes tipos de salones a los que podemos apuntar para que sean nuestro negocio ideal.

Por eso, tienes que tomar una decisión ya. Porque todo esto condicionará el resto de inversiones que tengas que realizar a la hora de abrir el negocio. Si hablamos de pros y contras, si quieres una barbería también podrá encajar dentro de las otras características, puede ser de gama alta, de gama media, *low cost*...

Hay diferentes targets, donde especificamos las necesidades que el cliente pueda tener, tanto necesidades económicas, como culturales, como de edad. Hay diferentes personas con diferentes características. Insisto mucho en definir el tipo de público al que quieres ir y el tipo de peluquería que quieres hacer. Es fundamental hacer esta selección antes de empezar.

En ocasiones me encuentro a profesionales eligiendo muebles y locales sin ni si quiera haber pensado nada de esto, si piensas que todas las peluquerías son iguales o todos los restaurantes, estas cometiendo otro error grave. Si pides presupuestos antes de definir tu idea, si hablas con marcas antes de saber a quien le vas a vender, es un error. Si no tienes una idea clara seguro que acabas abriendo una peluquería Frankenstein, sin sentido o como poco una peluqueria cualquiera.

Retomando el tipo de negocio que debes de elegir, tienes que ponerte de algún lado. Vamos a repasar un poco las características de cada uno de los diferentes tipos de peluquería.

¿Qué ventajas puede tener un negocio respecto a otro?

¿Cuál elegiría yo? Yo elegiría uno que estuviera en función a las actitudes que hablamos en el primer capítulo. Tiene que estar muy claro que un negocio *low cost* quedará más enfocado para alguien que quiera montar una empresa y que crezca esponencialmente, porque no tiene sentido tener una peluquería low cost, tiene sentido tener 100, 50 o 10, porque su rentabilidad es muy baja en porcentaje, por lo que se va a nutrir de grandes negociaciones para tener más margen en el producto, más cantidad de servicios a través de un margen reducido por el precio muy bajo que dan al consumidor final.

Por eso las cadenas ***low cost*** puede parecer que ganan más que una peluquería media, pero no es así, tendrán más clientes y menos margen en sus servicios. Eso no quiere decir que tu no puedas montar una cadena con otro tipo de peluquería, pero en este caso uno de los requisitos de los *low cost* es que tengan que tener varias unidades, no solo una unidad de trabajo porque no sería rentable y si te decantas por este concepto en solitario, trabajarías por muy poco dinero y con un esfuerzo físico que te llevaría a la extenuación si no dispones de un equipo de trabajo adecuado para este tipo de salón.

Mejor lo dejamos para esos inversores que les gusta optar por este modelo de negocio. Si no es tu caso y no eres inversor, tendrás que ir a esa peluquería de **gama media** donde pongas un precio ajustado a la realidad del mercado en este momento, que sea un precio que te dé un margen de beneficio neto al final de tu ejercicio de un 25% o un 35%. Esto sería un buen escenario para ajustar nuestro negocio.

Ahí cubres una gran parte de clientes, y es uno de los negocios a los que más se añaden los profesionales nuevos. Por considerarse el de menos riesgo a nivel individual. Eso quiere decir que también vas a tener una competencia más alta.

Luego tenemos el negocio de **gama alta,** en el que vas a requerir más inversión en mobiliario, local, y más tiempo de atención. La gente que paga más necesita más espacio y más tiempo de atención.

La alta gama es muy rentable porque tu margen va a ser más alto, en relación a la inversión que hagas. Pero la implicación del riesgo también es más alta y no esta al alcance de la mayoría. Hay menos competencia y es una tendencia a tener en cuente en los próximos años, ya que se esta abriendo una oportunidad en este tipo de publico.

Si estas en la zona adecuada y tienes el dinero es una opción interesante.

La **peluquería de autor** es aquella donde se da un servicio muy personalizado, donde vas a tener que trabajar de forma más imaginativa o creativamente en ese servicio, y donde vas a darle algo muy exclusivo que solo va a depender de ti. Esa es la cualidad principal de este tipo de salón, todo depende de ti. En una peluquería de autor estarás trabajando tú y un ayudante como mucho, que te asista para poder realizar los servicios.

Ahora ya sabes lo que hay, **te toca elegir.**

Selecciona un tipo de salón de acuerdo a esa imagen personal que tienes, esa cultura, conocimiento técnico, y que cubra esa necesidad o arregle algún problema que hay en el mercado. En cualquiera de ellas hay competencia. Por eso es importante enfocarnos en nuestras aptitudes y habilidades, no en la competencia. Siempre hay público para todos. Siempre habrá alguien que te seleccione a ti, si haces las cosas bien, por su puesto.

Tenemos que ajustar bien nuestra inversión. Tenemos que tener un presupuesto claro de lo que podemos gastar y en qué lo vamos a gastar. Lo importante es saber de cuánto presupuesto disponemos.

No es lo mismo poder abrir el negocio con 20 o 30 mil euros, que con 100 mil euros. Por eso tenemos que ajustar y ver cuánto dinero tenemos para poder realizar el negocio.

Es importante pensar esto al inicio, porque nos podemos meter en el lío de hacer una mala selección y al final nos quedamos cortos en nuestro presupuesto, nos metemos en el lío y no acabamos de salir de las financiaciones, de las malas negociaciones realizadas por culpa de no gestionar bien esa inversión inicial y de no saber con qué capital vamos a contar para iniciar todo el negocio.

Piensa muy bien, negocia muy bien y ajusta bien. Cada euro que inviertas en el negocio tendrás que ganarlo por 3 con tu trabajo, esto puede ser un pensamiento para que actúes con precaución, seas practico y contundente en tus negociaciones.

El local va a estar determinado porque lo compres o lo alquiles. Si vas a estar en un local alquilado, tendrás que ajustar tu renta a lo que se especifica en la cuenta de resultados que vayas a ofrecer al final. Imagínate que el local tiene que estar entre un 10% y un 15% máximo de la facturación esperada. No podemos ir a más de eso, y si conseguimos bajar esta partida será estupendo, en el cuadro que verás más adelante tienes una muestra de como puedes llegar a tener un diferencial de hasta un 30% haciendo las negociaciones adecuadas y ajustando tus gastos.

Pongamos un ejemplo estimativo. Si te imaginas que puedas facturar unos 10 mil euros en una peluquería de gama media, te podrás permitir como máximo pagar una renta de mil o mil quinientos euros.

Si facturas 10 mil euros y vas a tener una renta máxima de mil quinientos euros, tienes que hacer una selección del local en el que estés a gusto, cómodo y que tenga los metros cuadrados adecuados para llegar a esa facturación. Para eso, imagínate que vas a tener que contar con un equipo mínimo de tres personas. Una de ellas podrás ser tú.

Si quieres estar rondando una facturación de entre 9 y 12 mil euros, vas a tener que contar con un equipo mínimo de tres personas. Aquí se empieza a complicar la cosa, pues tenemos que empezar a hacer números y a cuadrarlos de forma adecuada.

¿Qué hago para elegir el local?
¿Dónde me voy a situar y por qué me sitúo allí?

No hay que basarse tanto en la competencia, sino en los factores que puedan tener esas zonas, como la renta per cápita, los habitantes que hay por metro cuadrado, para saber la cantidad de gente que puede entrar en tu negocio; y que esa situación sea en una zona de paso o que esté cerca de ciertos negocios que te ayuden a tener flujo de clientes, o de los clientes que a ti te interesan.

Si ponemos una barbería, buscaremos negocios donde trabajen hombres, buscaremos oficinas, donde suele haber un 80% de trabajos masculinos. Si voy a buscar mujeres que estén dentro de un target de ama de casa con niños, con familia, buscaremos que haya colegios cerca, farmacias, centros de alimentación, o sitios donde esa mujer consuma y la peluquería sea más accesible para ella.

Lo que buscamos es que sea siempre lo más accesible y fácil a nuestro target de cliente, que sea lo más adecuado para que a los clientes que nos visiten, en definitiva, buscamos la mayor comodidad posible. Tener estas ventajas, que sea un sitio de paso o bien situado es bueno, pero no definitivo en el éxito del negocio. En ocasiones hay sitios que están apartados y los negocios funcionan bien, por otros motivos como la falta de servicios en la zona, falta de competencia, o porque se llega fácil y el aparcamiento es bueno y accesible, puede ser una peluquería de autor situada en un barrio estratégico y estar más escondida, pero en última instancia

40

no recomiendo estas opciones por ser más arriesgadas y más imprevisibles en cuanto a una evaluación final.

Una fachada que sea adecuada para poder publicitar nuestros precios, productos y servicios, y todo lo que hablaremos más adelante sobre el escaparate o cristalera a la calle, es otro elemento a valorar.

La selección del local es una de las cosas más importantes pues resulta ser donde pasarás el mayor tiempo de tu vida. Probablemente pases más tiempo que en casa, o que en cualquier otro lugar, más que durmiendo incluso. Por eso es importante que sea un lugar en el que te encuentres a gusto, te encuentres bien, que sea una zona adecuada también para ti y para las condiciones personales de las que hablamos al inicio, el local también debe hacerte feliz.

Determina qué tipo de local quieres, dónde lo quieres ubicar y el tamaño que va a tener. Hoy en día podemos hablar de una peluquería de unos 60 u 80 metros cuadrados, que sería de tamaño medio.

Si hablamos de una peluquería pequeña, puede tener entre 25 y 40 metros. Y veremos que una peluquería grande está entre los 90 y 120 metros.

No necesitamos muchos más metros para nuestra peluquería. Si queremos añadir zonas de estética con cabinas, tendremos que sumar metros e inversiones que nos repercutirán en que tengamos que tener aparatología y gastar más dinero, como esta claro, al añadido de que hay que contratar personas que cubran ese servicio, una como mínimo y que tendremos que rentabilizar, por eso hay que pensar bien estas circunstancias del negocio para luego no tener que rectificar sobre nuestro proyecto inicial.

Todas estas decisiones van repercutir en nuestro presupuesto final.

Si hoy en día me preguntaras si yo pondría estética con peluquería combinada dentro del mismo local, yo te diría que no, porque la tendencia está yendo por los servicios más personalizados y concretos, y la estética está tirando más por el camino de la medicina estética y requiere más intimidad, más profesionalidad y un espacio más apartado.

Por tanto, no recomendaría entrar en ese mercado, y sí te recomendaría que hicieses tu salón de peluquería destinado a ese cliente que quieres captar y que te especialices más en tus servicios y en tu oferta.

¿Qué pasa con los productos?

El producto también es muy interesante a la hora de hacer una selección adecuada para nuestro concepto. Hoy es un elemento diferenciador. Podemos tener productos ecológicos, de gama media, alta, baja o muy baja. Dependiendo del precio que vayas a cobrar a tus clientes, vas a tener muchas opciones en el mercado de conseguir un producto y una marca que no solo te sirva para posicionarte, sino también para realizar grandes trabajos técnicos.

Hay que contar con que a más precio, vas a tener que ofrecer más calidad en tu producto. Es algo muy importante y visible dentro de los salones, y el cliente es muy observador. Estamos hablando de un cliente que es muy visual, el que nos visita en las peluquerías. El producto tiene que tener muy buena presencia, una calidad adaptada a ese precio que queremos cobrar a nuestro consumidor, y tener claro que no hay que mezclar mil marcas. No es bueno mezclar tantas marcas en un mismo lugar de trabajo.

Al inicio es complicado, pero si podemos firmar un contrato con una firma que nos cubra todos los servicios que queremos ofrecer y que nos pueda apoyar en esa financiación inicial, y a mayores nos apoye en algún elemento de marketing y difusión, puede resultar muy útil buscar un tipo de firmas con estas características.

¿De qué firmas escaparía yo a nivel de producto?

De esas más comerciales que venden en gran consumo. Tenemos que buscar exclusividad. Intentar que el producto elegido no sea de acceso fácil en otros canales de distribución y que seamos nosotros lo que se lo podamos facilitar de forma personal y profesional a nuestro cliente. Esto es una ventaja y seguro que animará las ventas en el salón.

Este tipo de firmas que son más exclusivas suelen cuidar bastante mejor a sus clientes profesionales. Te recomiendo que busques este tipo de características en estas firmas comerciales. Es importante que esta selección la hagas correctamente y siempre antes de hacer la apertura, para ver hasta donde pueden apoyarte en tu proyecto.

En producto te va a ir otro 12% o 15% de lo que van a ser tus ingresos. Una mala selección inicial va a hacer que te quede un gran stock en tu almacén y que sea un dinero perdido por haber hecho una mala inversión inicial.

Es importante que sepas negociar, sentarte y contarle tu proyecto a la marca con la que vas a hablar, que no hables solo con una, sino mínimo con tres, y que hagas la selección adecuada al tipo de salón que has elegido.

Siempre pensando en tu cliente, en el beneficio que obtendrá a través de ese producto que tú vas a utilizar.

Primero está el cliente, y luego tu rentabilidad, tendrás que adecuarla a ese producto. No es tan complicado, pero requiere tiempo llegar a un buen acuerdo. En los negocios procura no mezclar las amistades. Tendrás que coger el teléfono y hablar con la firma comercial que quieras. Son todas accesibles y estarán encantadas de hablar contigo, de mostrarte sus productos y su sistema de trabajo.

Yo ya he negociado para mí y otros clientes con muchas firmas de estas características y son salones que están funcionando muy bien gracias a los acuerdos cerrados antes de la apertura. Consiguen muy buenas condiciones y tienen un apoyo extra de la firma comercial, esta situación resulta beneficiosa para todos, a ti te hace aumentar las ventas y el control sobre el producto, y a la firma les compensa invertir en un cliente fiel, ofreciéndote formación y recursos más personalizados.

Los muebles y el equipamiento

El mobiliario es otra parte importante. Lo tienes que encajar en función a ese salón que has seleccionado. Hoy en día no estamos vendiendo solo un servicio, estamos vendiendo una experiencia, y a través del mobiliario se puede generar una experiencia concreta. El equipamiento y la obra, es importante que lo realices en función de los protocolos que quieres ajustar en tu salón, no te olvides que lo estamos haciendo para ellos. Esos protocolos van a determinar la experiencia que el cliente va a recibir cuando entre por la puerta. Por eso es muy importante tener una buena zona de espera, donde poder recibir al cliente, de forma confortable y adecuada a la categoría del salón.

Es importante tener una zona donde se realice un diagnóstico, donde podamos hablar con el cliente de forma más privada y definir el trabajo que queremos realizar. Es imprescindible que la zona de trabajo sea amplia, que los productos puedan estar a la vista ordenados y formando parte del entorno, las *"Color Bar"* son una de las ideas que se están trabajando hoy en día, es un espacio donde realizar nuestras mezclas delante de los clientes, no esconder nada, es como una cocina en vivo. Esto genera una experiencia en el cliente y si se hace con orden y de forma correcta funciona muy bien.

Una experiencia más exclusiva y única es el objetivo de todas nuestras instalaciones. Esto lo conseguimos teniendo un producto adecuado, el mobiliario adecuado y encajando todo el diseño en función de nuestro target de cliente, teniendo una obra adecuada a ese estilo de salón que hemos seleccionado inicialmente.

Estos tres puntos son vitales en la concepción del local. Hemos seleccionado un local, el producto, el mobiliario y la obra. En esta parte es fundamental tu nivel de negociación. Tienes mucho dinero y partidas en juego, y eso se puede negociar.

Si el local puede estar entre un 10% y un 15%, y tú lo sacas en un 8%, a lo largo de los años será mucho dinero ahorrado para ti. Si en el producto llegas a un buen descuento y que la firma te cuide bien, también sentarás unas buenas bases para tu futuro. En el mobiliario, exactamente lo mismo. Si puedes aprieta tu negociación al máximo ofreciendo diferentes opciones a tus proveedores.

Si has ajustado bien tu inversión, puedes ofrecer un pago al contado a través de un descuento, y si no tienes esa opción puedes optar por hablar con diferentes distribuidores y ver qué relación calidad precio es la que mejor te encaja para no salirte del presupuesto.

En la obra civil también. Aquí hay mucha disparidad y tienes que trabajar con gente que a nivel decoración y construcción te dé unos precios acordes al nivel de inversión que quieres realizar y al trabajo que solicitas, tampoco busques duros a pesetas como se suele decir, una cosa es negociar y otra es pasarse, en una negociación tienen que ganar los dos que están negociando, si solo ganas tú, malo, y si solo gana el otro, peor. Sé coherente y hábil para lograr ajustar tu presupuesto al máximo pero sin excederte en racanear.

Ahora toca llenar esto de personas, no de personajes.

Nos falta llenar este salón de personas. Las primeras personas que entran en un negocio es el personal, tu equipo, tus colaboradores. Si tienes una peluquería de autor no te hará falta mucho, porque podrás necesitar un ayudante y eso es más fácil de conseguir. Pero si vas a abrir un salón con más ritmo de trabajo para estar sobre esos 10 mil euros de facturación, tendremos que buscar un personal adecuado en la imagen y en las actitudes que requerimos.

Para eso hay que tener por escrito 10 normas fundamentales como mínimo, que tiene que tener tu salón. Debes tenerlas por escrito pues es una manera de empezar las cosas bien y además, que sean aceptadas por todos tus colaboradores desde el inicio.

Luego te será mucho más difícil corregir ciertos malos hábitos que se generan por falta de dirección.

A la hora de contratar siempre tendremos problemas, es una constante de este sector, por eso **ármate de paciencia,** ten claro lo que quieres y qué tipo de colaboradores necesitas. Un amigo gran peluquero siempre me decía que hiciera esta pregunta a un nuevo estilista que quería contratar:

> *¿Cuánto eres de feliz*
> *en tu vida del 1 a 10,*
> *cómo lo puntuarías?*

Si la respuesta de la persona a la que estás entrevistando es menos de 5, nunca la contrates. Una persona que no es feliz en su vida, lo que va a traer es esa infelicidad a tu negocio. Procura que sean personas que se sientan felices, personas que estén emocionalmente equilibradas. Aunque parezca extraordinario que pueda decir esto, no hay tantas personas equilibradas emocionalmente en el mundo. Es un gran problema de nuestra sociedad.

Es importantísimo que puedas ver o percibir el nivel de felicidad y de actitud que tiene que tener esa persona para formar parte de tu equipo. La calidad técnica, el resto de habilidades y trabajos que tendrá que realizar, lo tendrás que comprobar a través de las pruebas.

Es muy importante esta parte emocional, porque con buena gente y buenas personas siempre podrás hacer correcciones. Si das con personas desequilibradas o que no sean tan buenas, te costará más, y te costará sobre todo disgustos y desarreglos emocionales por tu parte. Procura traer a tu negocio desde el inicio a gente que se sienta afortunada y feliz.

La organización del salón, el entrenamiento y los protocolos son tres cosas que tendrás que poner en marcha a estas alturas antes de abrir. Tener una organización concreta y específica, saber qué área va a cubrir cada persona del equipo, saber lo que necesitas de ellos, cerrar las fechas de apertura, cerrar lo que sea referente a la organización. Para ello tendrás que hacerte un pequeño calendario. Tienes que saber que llega un momento en el que tú tienes que entrenar al equipo siempre antes de la apertura.

El nexo de unión con tus colaboradores se hace a través del entrenamiento. Si tienes el nivel técnico adecuado, puedes entrenar tú mismo al equipo, o puedes contratar a personas que hagan un entrenamiento a todos donde se consiga una unidad concreta sobre la temática o los protocolos y servicios que quieres hacer.

Ahí entra en juego la firma de productos con la que hayas decidido trabajar. Antes de abrir el centro podrás enviar a tu gente a realizar esas formaciones y que todo el equipo entienda el concepto de servicio que quieres realizar, que se empapen de la marca que quieres crear con este nuevo negocio, que entiendan y dominen el producto y sobre todo que hagan equipo. Lidera a tu equipo desde el principio, a nadie le gusta estar al lado de alguien que no sabe donde va.

Tu tienes una visión con tu negocio, explícales donde vais y cuál es el objetivo de tu proyecto.

Para eso, debes combinarlo con unos protocolos adecuados de atención al cliente y con unos protocolos internos. Eso será tu sistema único, recuerda cubrir todas las opciones posibles y no dejes nada al azar, las horas de llegada, los uniformes, la higiene, las salidas y entradas, los horarios... todo eso forma parte del protocolo y de tu sistema. Son muchas cosas. En este libro simplemente vamos a hablar y especificar qué es lo que necesitas y cómo lo necesitas hacer. Sin poder profundizar muchísimo en ello, pues necesitaríamos un libro de más de mil páginas si queremos hablar de cada punto de forma extensa y milimétrica. Se trata de que con estas ideas tengas la suficiente capacidad y base para afrontar un negocio de éxito.

CAPÍTULO 3

El local

«Lo funcional es mejor que lo bello, porque lo que funciona bien permanece en el tiempo.»

Ray Eames

VAMOS a dedicar un poco más de tiempo a hablar del local. Antes pasamos las zonas por alto para definir el negocio que queríamos crear y el tipo de peluquería que más nos interesaba. Creo que esto merecía un capítulo a parte por la relevancia y el impacto que no solo tendrá en tus clientes, también lo tendrá en tu vida y tu bienestar.

El local es fundamental para que tu cliente sienta una experiencia única. Es una de las claves del éxito de tu negocio, ahora ya sabes que no la única, pero si debes de prestar mucha atención para que puedas hacer algo totalmente diferenciador, sexy y excitante para tu publico. Vamos a crear una experiencia única en cada visita, este es el objetivo final.

He entrado en cientos de peluquerías, incluso miles, en estos últimos 25 años, y todas parecen exactamente iguales, parece que hay un patrón que nadie se atreve a transgredir o romper por miedo al fracaso, por falta de confianza y conocimiento en general. Yo te animo a que seas atrevido, a que te diferencies, piensa en algo extraordinario que no este visto, quemado en la retina del cliente, que sorprendas con tus instalaciones a todo el que entre en tu casa. Cuando abras las puertas todos los días del negocio que has creado piensa en esta frase para tus clientes: **"Bienvenidos al teatro de los sueños".** Haz de tu local un santuario de belleza, bienestar, el refugio que todos quieren para poder sentir el placer de estar en un sitio único y especial, a todos nos encanta eso, te aseguro que lo puedes hacer, solo hay que proponérselo.

Es importante buscar elementos que nos diferencien de los demás, para que el cliente pueda sentir una experiencia única en tu negocio. El local aquí juega un papel importantísimo, para ello tienes que hacer una definición de las zonas muy concreta y específica.

El escaparate tiene que tener unas cualidades concretas, y si tenemos más mejor que menos. A más gama alta, menos visibilidad interior. Es importante la discreción, que el cliente se sienta a gusto y cómodo, que tenga una parcela de privacidad dentro de tu negocio. Lo de todos de escaparate paso a la historia, la peluquería es un lugar donde el cliente debe poder tener su parcela privada, poder conversar tranquilamente de sus deseos y necesidades sin tener que preocuparse de quien le escucha al rededor o de estar expuesta en tu escaparate como un maniquí.

Esto no tiene nada que ver con que tu escaparate sea grande, pequeño, largo, ancho... o como sea el local que hayas seleccionado. Pero mejor tener una buena cristalera que tener poco cristal. Tendrás que robar unos segundos a los viandantes para que se paren delante de tu escaparate y puedas generar atracción.

¿Qué tiene que haber en un escaparate como elementos fundamentales?

Unos precios concretos, que no queremos decir que sea una lista completa de todos los precios, sino que se especifiquen máximo tres precios que den varias ideas a tu cliente, el toque de que es una peluquería moderna y actual, con nombres que te diferencien y servicios atractivos para que den literalmente ganas de entrar. No es lo mismo poner *"Corte a 22€ que Corte Class desde 25€"*. En este ejemplo podemos ver que un buen nombre personalizado puede aumentar el valor haciendo luego un servicio diferente y enmarcando cualidades específicas de ese corte en concreto. Este es un efecto de neuromarketing que eleva la percepción del cliente en cuanto al producto o servicio otorgándole más calidad y valor de inmediato, el nombre y el envoltorio suma mucho. Recuerda, los detalles, siempre son los que te diferencian.

Tienes que definir tres servicios que destaquen en tu centro, que sean diferenciadores, que tengan un nombre con gancho y que den un precio que sea una barrera de entrada, para que el cliente vea el valor de lo que cuestan tus servicios y de cuanto se puede permitir gastar, a nadie le gustan las sorpresas de tipo económico a la hora de pagar. Ese mínimo te posiciona en el tipo de público que tú quieres que entre en tu peluquería.

¿Qué no debes colocar?

No debes ser excesivo colocando productos, posters de marcas que no sean la tuya, puedes colocar una imagen o dos que representen tu marca o concepto. Lo importante es que la imagen cuente una historia, que defina lo que pasa dentro de tu salón. A veces seleccionamos imágenes que no son adecuadas a lo que el cliente se encuentra dentro, muchas veces por exceso y otras por defecto. Recuerda siempre el principio de congruencia que menciono constantemente.

La **zona de bienvenida** es importantísima, es donde se causa esa segunda impresión. Recuerda que la primera es tu escaparate.

Será tu primera impresión respecto al contacto contigo directo, en cuanto a la comunicación verbal. La zona de bienvenida tiene que estar muy específica y definida dentro de tu salón. Se puede colocar en ocasiones una pequeña zona de reposo o descanso, para que el cliente se pueda sentar o pueda descansar.

No estaría mal que tuvieras diferentes accesorios que puedan completar una buena recepción dependiendo de la gama que tengas. Refrescos, cafés... ciertos extras que puedas brindarle a tu cliente cuando está esperando.

Cuida los detalles, marcan una diferencia crucial. No pienses tanto en el coste, siempre lo podrás añadir al valor del servicio, y en ocasiones no es tanto el valor de los detalles, en muchas ocasiones dejamos o tenemos más fugas de dinero en otros gastos que no controlamos bien.

El acompañamiento, la finura, la elegancia, el saber estar, la clase, la sonrisa, la amabilidad... todo esto no es importante, es fundamental y a coste 0. Acompaña a tu cliente a la zona de diagnóstico. Esto no suele ser muy habitual, pero lo será con el tiempo, aquí puedes marcar una gran diferencia, con un tocador diferente, creando un espacio de intimidad, donde el cliente pueda crear un vínculo con el estilista y generar una conversación inteligente para definir el servicio correcto y proyectar las ventas adecuadas a través de una ejecución impecable, siempre te hablo del servicio 11, que requiere de concentración y tu energía al 120%.

Una vez que tienes ese diagnóstico, si es un trabajo que no requiere lavado pasarás a la zona de trabajo, de color, o pasarás directamente a la zona de lavado.

Está demostrado que la zona de lavado en concreto es uno de los lugares donde el cliente siente más placer y relajación dentro de un salón. Siempre te recomendaré que tengas unos lavacabezas extraordinariamente cómodos, donde el cliente pueda sentir esa experiencia única y verdadera de la que estamos hablando constantemente. Desde esta zona vas a crear una base solida para tener toda su confianza en la consecución del servicio. Aquí es donde tendrás que hacer que se relaje, se tranquilice y que confíe en ti. Que disfrute ese momento como algo especial de su día.

Transporta a tu cliente a un mundo de sensaciones, no hables demasiado en esta zona, si traes el trabajo realizado desde la zona de diagnóstico, sobran las palabras.

Prestamos una máxima atención a esa zona de agua donde tiene que haber un ambiente relajado, tranquilo y ordenado. Que el cliente no esté mirando nunca a zonas donde hay productos, suciedad... que miren siempre a una zona donde haya orden. El orden relaja, da confianza y serenidad.

La zona técnica tiene que ser una zona amplia donde puedan trabajar las personas que configuren el equipo, siempre de forma cómoda y con espacio, que no nos peguemos codazos, que no estemos excesivamente juntos, que haya espacio suficiente como para dar un servicio de calidad. Es mejor menos tocadores y más espacio, que no apretar la zona por querer aumentar puestos que en ocasiones no se llegan a utilizar en gran parte del año o nunca.

Crea una zona en la que se puedan cerrar ventas, en la zona de entrada o salida de nuestro salón. Este truco que se utiliza muchas veces en las gasolineras, por ejemplo, donde te obligan a realizar un circuito, pagas tu gasolina y tienes que pasar por la tienda sí o sí, así te invitan a comprar cosas que no tenías en la cabeza y en muchas ocasiones las comprarás por impulso.

Por eso es importante definir bien la zona de venta en la que el cliente tenga que pasar por allí sin remedio alguno, debe ser un sitio informal y bien ordenado, que no te tengas que sentar, pero puede haber una pequeña barra o una pequeña mesa con unos taburetes altos donde te puedas apoyar y puedas seleccionar esos productos que recomiendas, ponerlos encima de la mesa y charlar con tu cliente sobre lo que le has aplicado, desde ahí le sacas los argumentos del producto que trabajes.

La recomendación y la propuesta son dos de las estrategias más simples de venta que existen y aumentaran tus ventas de forma natural y sin gran esfuerzo para ti. Siempre y cuando todo el trabajo desarrollado anteriormente fuera excelente, nunca intentes vender o proponer algo por sistema, personaliza siempre y si en alguna situación el servicio no ha salido como esperabas, mejor déjalo para otro momento.

La zona de ventas te puede aumentar la facturación en una medida grande si sabes trabajarla de forma adecuada.

Puedes tener también otras zonas exclusivas, diferentes, una zona de trabajo artístico, una zona de tratamientos... hay muchísimas ideas para no hacer un salón tipo, podamos empezar a cambiar las estructuras internas de lo que suele ser una peluquería llamémosla normal, porque el consumidor está demandando experiencias diferentes dentro de un salón de peluquería y tú se las puedes dar si estás dispuesto a hacer algo diferente.

Si queremos diferenciarnos de la competencia, esta será una de las teclas para que tu salón sea diferente al resto, para que tenga ese punto extra y que el cliente no se olvide nunca de ti. Que no se olvide de la experiencia que ha sentido cuando fue a tu casa, este es el secreto. Lograr un ¡¡¡**WHAOOOO!!!**

Si todo esto se acompaña con el trabajo técnico adecuado, la elegancia, el glamour y la clase de un servicio de gama alta, podrás tener un salón diferente, que enamore a tus clientes y en el que tu te sientas feliz.

Aunque sea de gama media también son importantes estos detalles, igual no en gran medida a nivel de inversión, pero sí a nivel de atención.

No dudes en ponerte en marcha y haz cambios en lo que estas descubriendo. Se diferente, tu eres único seguro, ahora haz que tu cliente se sienta único también.

Probablemente no todo el mundo tenga el dinero para hacer una inversión así, y tendrá que buscarse la vida para ser hábil y que estas zonas de las que hemos hablado estén integradas dentro del salón de una forma más compacta o diferente. Estaría genial que cada zona y espacio tuviera su nombre concreto y específico, su cualificación. Debes usar esto para potenciar tu negocio, puedes facturar más a través de estas zonas y estructuras. Y que el cliente reciba ese servicio 11, fidelices más clientes y en consecuencia vuelvan una y otra vez.

Visita otros negocios, grandes comercios, tiendas que te gusten, mira como hacen las cosas los que tienen todos los recursos e imita, es la mejor forma de aprender, copia a los grandes, no a los que están a tu lado o a otras peluquerías de la zona, investiga, se curioso y proyecta tu idea con lo que veas, fíjate en los detalles, no entres en sitios sin observar. Siempre que imites mira hacia los de arriba y luego adáptalo a tu negocio, esa es la clave.

*«Intento dar a la gente una forma diferente
de ver su entorno. Eso es arte para mí.»*

Maya Lin (Arquitecta)

CAPÍTULO 4

Los números claros

«*Si sabes gastar menos
de lo que ganas, has encontrado
la piedra filosofal.*»

Benjamin Franklin

VAMOS a meternos un poco más en los números de un centro de peluquería. Tienes la tabla de la que hablamos anteriormente con todos los datos en la siguiente página, con las desviaciones y derivaciones que puedes ganar o perder si haces las cosas más o menos bien.

En esta cuenta de explotación que estás viendo en el cuadro, podrás observar que hay unos tantos porciento como comentamos anteriormente, pero no hablamos de los porcentajes que supone optimizar esos resultados, vamos a profundizar un poco más en esto.

Puedes ir más o menos a un 33% de diferencia en cuanto a tu labor de gestión sea más optima. Vamos a tomar como modelo y ejemplo tipo un salón de tres colaboradores, con una facturación por persona de 3.500 euros y una facturación anual de 126 mil euros al año. Esto supone un ejemplo y no tiene por que ser así en muchos caso, en ocasiones por estar por debajo y otras por ser superior, pero si nos sirve para poder desarrollar el tema en base a un modelo.

Los gastos de personal son muy importantes, se puede decir que el gasto más importante de tu centro, pero hay unos cuantos más a los que prestar atención. Vamos a ver ese equilibrio entre los servicios que debes realizar en tu centro y a analizar todas las partidas de forma independiente ofreciéndote unos consejos y pautas a seguir en cada uno de ellos, ten estos números presentes y siempre claros.

Personal

El personal estará entre un 40% y un 50%, dependiendo de la categoría y los profesionales que selecciones.

En esta partida posiblemente no puedas ahorrar mucho y dependerá de la legalidad que exista en cada país, ceñirse a la ley es lo primero, a partir de ahí podemos realizar las negociaciones adecuadas en función al puesto que ocupa la persona y sus habilidades técnicas. En este caso estamos poniendo como ejemplo España. Tendrás incentivos, premios, riesgos laborales, Seguros Sociales e IRPF, y todo eso es lo que supone ese 40% o 50% del total de esa facturación.

Hay incluso una partida en la que puedes ver las comisiones para incentivos y recompensas que tendremos que ajustar en función de los objetivos y metas individuales, pero que nunca deben ser excesivas. En esta partida no tenemos mucho margen de maniobra y la mejor opción para que los gastos de personal no nos hundan es formar un equipo competente y competitivo, que este a la altura de lo que es tu centro y que cumpla con los objetivos que fija la empresa para su puesto en facturación. Aquí es donde tu liderazgo y buena mano tiene que hacer que funcione. No te conformes con gente que no hace su labor, siempre se puede conseguir un nuevo estilista, paga bien, pero se exigente con tus condiciones, una persona nueva, no solo debe integrarse, debe cumplir con unos requisitos mínimos en cuanto a lo que factura, no olvidemos que tenemos un negocio, para hacer una ONG ya está otro tipo de organizaciones, la tuya se debe basar en la rentabilidad.

Ejemplo de una cuenta de explotación

La suma de los porcentajes supone entre el 72% y 96%
La diferencia de optimizar los resultados, varía un 33 % (24 puntos)

Personal	Local	Producto	Suministr.	Otros	Marketing
40%-50%	10%-15 %	12% a 15%	3% a 5 %	4% a 6%	3% a 5 %
Sueldos	Alquiler	Ventas	Agua	Asesoría	Formación
Incentivos	Amortizac.	Consumo	Electricid.	Uniformes	Revistas
Premios	IBI		Teléfono	Desechables	Publicidad
R. Laborales	Reparaciones		Gas	Utillaje	Promociones
S. Social	Limpiezas		Seguros	Lavandería	Decoración
Irpf	Basura			Gestor	
Desde... 50.000 € a 63.000€	Desde... 12.600 € a 18.900 €	Desde... 15.120 € a 18.900 €	Desde... 3.780 € a 6.300 €	Desde... 5.040 € a 7.560 €	Desde... 3.780 € a 6.300 €

Salón de peluquería con: 3 PAX. De equipo.
3.500 € Facturc./persona x 3 x 12 = 126.000 € Año (neto)
GASTOS PERSONAL: 1.665 € mes / persona x 12 meses = 59.940 €

Local

En el local entraría el alquiler, la amortización, los impuestos, reparaciones que pueda haber usualmente de roturas o eventualidades que vayan pasando, limpiezas y basura. En el local podrás apretar más tu presupuesto y ahorrar algo más si haces la negociación correcta al inicio. Esta es la parte que me-

65

nos nos gusta a la hora de abrir un negocio, pero piensa que es la base de tu prosperidad y que cada euro que te ahorres en este gasto fijo repercute en tu economía de forma directa, moléstate un poco en negociar y encontrar el local adecuado, no solo por el espacio, fíjate en que el propietario sea buena gente, que no te de problemas, que sea una persona sensata, procura hacer negocios siempre con buena gente, parece un poco tontería, pero este consejo seguro que te ahorrará muchos quebraderos de cabeza. Si al final consigues que en tu cuenta de explotación el local este por debajo de un 10% de tu facturación apúntate un tanto. Vas bien!!

Producto

El producto, las ventas y el consumo son las dos partidas en las que vamos a trabajar con nuestros productos. En producto estamos entre un 12% y un 15%, incluso podemos bajar hasta el 10%. Un low cost puede estar incluso en el 8%. Podemos tener una variación muy importante dentro de los tantos porcientos de esta cuenta de explotación, si sabemos negociar bien todas estas partidas desde el inicio, insisto en negociar tus condiciones una por una. Divide y vencerás, no quieras hacer todo a la vez y sepáralo en días concretos para reunirte con los profesionales de cada área de trabajo.

Estudia bien la tabla y observa donde puede haber ese diferencial en el que tu puedes ahorrar o sacar más partido. Esta suma de porcentajes va de un 72% a un 96%. Ese diferencial del 33% es vital para que tú ganes más dinero. Vas a tener que estar muy pendiente de los gastos, de los ingresos, de todo lo que pase financieramente dentro de tu negocio.

Otros gastos

Tienes otros gastos que repasaré más por alto, no por eso dejan de ser importantes y en estas pequeñas contrataciones en ocasiones también se nos va mucho dinero precisamente por eso, por ser pequeñas y no prestar la suficiente atención.

Suministros como agua, luz, electricidad, teléfono, gas y seguros del local. Aquí seguro que puedes ahorrar un pico importante si le das un poco de atención, hay partidas que serán más complicadas de ajustar, pero tienes alguna como los servios de telefonía en donde hay mucha oferta y podrás tener mejores precios en diferentes operadores, tomate esto muy en serio, un ahorro de 10 € al mes supone 120 € al año y 1.200 € en los próximos 10 años. Si además esto lo pasaras por alto y lo haces con 10 partidas de esta pequeña cuenta de gastos, estarías tirando 12.000 € por tu falta de atención en los próximos años de tu negocio. Este es un ejemplo para que tomes conciencia de la importancia de los pequeños gastos.

¿Cuantos peinados o servicios tienes que hacer para ganar esos 12.000 € tirados por falta de atención?

Ya te respondo yo, nada mas que 400 servicios si tu tíquet medio es de 30 € por ejemplo. O lo que sería lo mismo, estarías haciendo 3 servicios gratis al mes para financiar tu torpeza.

En esta partida de varios en la que los gastos principales serían la asesoría, de la que te puedo decir que tengas siempre un gestor adecuado al volumen de tu empresa y que te realice todos los trabajos administrativos que están implicados en nuestro negocio. Por otro lado están los uniformes del equipo que hay que tener varios, no solo uno. No permitas que tu equipo esté sucio o que huela mal delante de los clientes. Esto es un gran valor añadido y por eso siempre te aconsejaré que tengas diferentes uniformes y equipaciones para tu equipo, como mínimo 3 por persona, ese es el ideal, tu decides la imagen de tu negocio.

Marketing es una partida que la mayoría de nosotros no contemplamos de forma habitual en nuestros presupuestos, parecía que esto era solo para grandes empresas y no es así, esta partida es imprescindible en un negocio de peluquería hoy día y debes de ajustarla y por supuesto usarla inteligentemente, no eliminarla, esto te ahorrará un poco de dinero, pero tu negocio lo sufrirá a corto o medio plazo si la eliminas para siempre, hablaremos más adelante de este tema en el siguiente capítulo. En esta partida también esta presente la formación de nuestro equipo, las revistas, la publicidad, promociones, decoración de nuestro local.

Recuerda que la decoración varía en función de las temporadas, en verano, en navidades y en otras temporalidades, por eso es importante tener un poco de presupuesto asignado.

El equilibrio de todo esto no está en que te puedas ahorrar ese 33%, sino en que lo puedas ajustar y lo puedas repartir en todas las áreas que describo, y transformar ese ahorro en un mayor beneficio destinado a ti o a mejorar tu empresa.

La regla de oro

La regla de oro es que la caja es sagrada y no se toca. No se toca para comprar el pan, o gastos personales. Si quieres que tu negocio vaya bien, la caja es sagrada. Muchas veces pensamos que el dinero que hay dentro es nuestro, es una sensación de posesión falsa, nosotros lo trabajamos, lo cobramos y parece que lo podamos gastar en cualquier cosa, y no es así. Ese dinero no es tuyo tiene un destino, como por ejemplo, el personal, el local, suministros, proveedores y marketing. Se estricto con esta regla, separa tus presupuestos, actúa como un profesional, gestiona bien el dinero, respeta el dinero y todo irá bien siempre.

¿Y yo qué gano?

Tienes que tener un sueldo estipulado y cobrar todos los meses ese sueldo. Tu sueldo puede estar por encima del de tu equipo, máximo un 30%. En la mayoría de ocasiones me encuentro con que se pone un negocio para tener dinero, y lo que hacemos es adaptar el negocio a nuestra vida y el dinero desaparece del negocio, el negocio se arruina y no podemos mantener nuestra vida.

Hay que hacerlo al revés. Tener un sueldo adecuado al negocio, y al final del año obtener una rentabilidad y recoger esos beneficios que pueden estar en torno a un 20% o un 30%, con nuestro sueldo aparte.

Es muy importante que tengas un sueldo si trabajas en tu negocio, y que lo respetes mes a mes. Si tú haces eso y respetas las reglas del juego económicas, y no coges para gastos extraordinarios personales, verás cómo tu negocio en los próximos años prospera. Esas cantidades que sobren a final del año, serán tu rentabilidad sobre el negocio, serán reales y podrás hacer nuevas adquisiciones, y tu negocio podrá crecer constantemente.

Sin disciplina económica no vamos a conseguir que nuestro negocio funcione. Para eso tenemos que profesionalizar, tenemos que tener un programa de gestión adecuado que nos de estos datos, para luego decidir en base a los números y tomar buenas decisiones en referencia a lo que tenemos que hacer, cómo lo tenemos que hacer, dónde vamos bien y mal... tú tienes que cobrar un sueldo acorde a la apertura del negocio.

Recomiendo un 30% por encima de la persona que más cobre dentro de tu centro. Si tienes a alguien que cobre 1.000 euros, tú podrás cobrar 1.300 euros. No te puedes exceder de esta cantidad. Todo lo demás sería arruinar tu negocio en el inicio.

Al final del año tiene que haber una rentabilidad o no, dependerá de tu buena labor, pero si lo logras, ese dinero tiene que estar en tu banco. Puedes hacer muchas cosas con el, colocar los beneficios en algún sitio que te dé más rentabilidad, generar otros ingresos pasivos invirtiéndolo o hacer muchas más cosas que con el tiempo se te ocurrirán. Si empiezas a saber manejar tu dinero correctamente, verás que te conviertes en una persona más próspera y profesionalizarás tu negocio de una manera contundente en muy poco tiempo.

Los números no van a engañar. Si ese dinero desaparece y no puedes pagar tus impuestos, o no puedes hacer las reformas adecuadas o no tienes partidas para publicitar tu negocio, probablemente tengas problemas en un futuro próximo.

No hay que salirse o desviarse de los números básicos que puede arrojar un salón, ni de los porcentajes adecuados para optimizar al máximo tu salón. Estos diferenciales son importantes en todos los casos y en todos los tipos de salón. Sin excepciones.

El equilibrio de tus servicios

Vamos a repasar un poco el equilibrio adecuado de los servicios. En el lavado propongo un 100%, o un 98% de las personas que pasan por nuestro centro. El peinado el 80%, corte 60%, color 35%. Este dato es importante y lo tenemos que tener en cuenta a la hora de fijar nuestros precios, realizar promociones que incentiven al cliente a realizar los que menos o más bajos tenemos, nos sirve de guía para intuir porque no estamos haciendo esos servicios, pudiendo detectar alguna carencia técnica en nuestro equipo, por ejemplo. El análisis de los datos no puede dar mucha información acerca de lo que pasa en nuestra peluquería por eso saber leerlos es algo interesante para sacar un buen provecho. Para que tengamos un punto de equilibrio adecuado dentro de los servicios que realizamos.

La venta del producto sería un 30%, claro el ideal, aquí nos queda mucho por hacer y trabajar, ya que la mayoría de salones que visito o realizo consultorías arrojan una media de un 5% aun 10%, esta situación dice mucho de la falta de formación y de actitud del sector hacia la venta. En este libro no hablo mucho de ello, llevaría uno entero, quizás el próximo. Pero ciñéndonos al caso de las ventas, si al final del año obtienes un 30%, estarás por encima de 30 mil euros de facturación solo en ventas con beneficio de al menos el 45% o lo que seria lo mismo unos 13.000 € que podrás invertir en acciones para poder mejorar tu negocio, poder avanzar o dar un salto a un negocio más grande, las ventas creo que son la gran oportunidad de salir adelante para muchos salones. Si te transformas en un profesional completo todo este dinero seguro que será tuyo, pero si no haces las cosas bien te pasará lo que al 80% o 90% de los centros que no son profesionales y se toman esto como un hobbie. Al final del año tendrás 0 patatero en tu cuenta de resultados. Seguro que te lo has gastado todo en tonterías. No te da, no es rentable y cierras. Esto pasa por la falta de profesionalidad a la hora de gestionar bien los números y nuestras cuentas de explotación.

Las diferencias son bastante grandes, una peluquería mal gestionada puede tener una rentabilidad mínima, y una bien gestionada puede tener una rentabilidad extraordinaria por encima del 30%.

Equilibrio en los servicios

LAVADO	PEINADO	CORTE	COLOR
100%	80%	60%	35%
MECHAS	MECHAS-MODA	TRATAMIENTOS	VENTA-PRODUCTO
25%	15%	40%	30%

No hay muchas inversiones en el mercado que te den un 30% de rentabilidad, por eso hay que ser inteligente, fino, constante y disciplinado con el dinero para que tengamos esas partidas siempre muy bien arregladas, estudiadas y gestionadas.

Aquí es donde tenemos uno de los grandes talones de Aquiles en nuestros negocios. No nos interesan los números porque pensamos que somos artistas, y los números son los que nos van a dar de comer a final de mes y nos permiten el estilo de vida que deseamos. Por este motivo hay que dedicarle tiempo diariamente a que esto nos vaya saliendo cuadrado, porque si no se lo dedicamos al final, le tienes que dedicar todo el tiempo a la vez, y eso es un rollo, seguramente va a hacer que no le dediques ningún tiempo. Y por tanto se te van a ir los números, y cuando los números se van se pierde todo. El negocio entra en una fase de riesgo total.

Os invito a que hagáis números, a que esos números sean concretos y específicos, y a que os ciñáis al plan de conseguir estos resultados. Utiliza esta información para saber cómo vas, saca tus números mensuales y analiza.

Toma decisiones inteligentes basadas en tus números y haz los cambios que sean necesarios una y otra vez, hasta que puedas balancear perfectamente y tengas equilibrado tu salón en este aspecto económico.

> *«Honradez, laboriosidad,*
> *prudencia y economía.*
> *He aquí las cuatro cifras de*
> *la clave del **éxito**.»*
>
> **James A. Garfield**

CAPÍTULO 5
El marketing y el lanzamiento

«La marca personal enlaza tus pasiones, tus atributos clave y tus fortalezas con una proposición de valor, dejando claro que te diferencia de los demás.»

Tom Peters

HABLAMOS mucho de marketing y marca en este libro, casi todo lo que hemos hablado en relación a ti, a los clientes, a los consumidores es marketing. Lanzar un negocio no es complicado, pero tampoco es simplemente abrir la puerta. Hay que decir a la gente que estás ahí, y hay que decirlo de alguna forma.

Hoy en día hay muchas formas económicas de decirle a tu público que estás ahí. Una de ellas es internet. Ahora la gente ya no va mirando a los escaparates cuando pasea por la calle, va mirando a su móvil. Aun siendo bueno tener un buen escaparate porque es la primera impresión, es muy importante que la gente pueda ver esto en las diferentes redes sociales y canales digitales. La idea es que te hagas con el hábito de poder difundir tu marca personal y tu imagen de marca en todas las redes sociales, y a través de internet de forma constante, la constancia en el entorno online es una de las claves de la difusión.

Es importante que desde el principio ubiques tu negocio bien. Que tengas un kit básico digital, una página web donde presentes tu negocio, un blog dentro de esa página web. Pensamos que con una web es suficiente, pero no, a nuestros clientes hay que darles noticias y contenido fresco de forma habitual. La peluquería tiene un elemento social importante, como tienen esas redes digitales, donde dentro de ellas todos pasamos muchas horas. En el blog que construyas puedes dar noticias de los cambios, de las novedades, de lo que estás haciendo, de clientes que se marchan satisfechos. Lo que más difusión te va a dar será eso, tu blog. Posicionar bien tu página y tu ubicación en google, o en las diferentes redes sociales para un negocio que se profesionaliza es ya algo ineludible y básico, aunque algunos todavía están en la edad de piedra en nuestra industria, seguro que aquí sacas ventaja si haces las cosas bien.

Hay que aclarar una cosa respecto a las redes sociales. No están diseñadas para vender. No vendemos a través de ellas. Creamos imagen de marca que nos ayuda a vender nuestros productos y servicios, pero no tenemos que estar todo el día promocionando, porque la gente no entra en las redes sociales para eso. Podemos poner algún post de vez en cuando, alguna promoción en Facebook por ejemplo. Pero no de forma constante, porque a la gente le aburre. Lo que quieren saber es lo que pasa en el salón, cotillear un poco. Este es el elemento social para lo que se creo el concepto de red social para compartir. El marketing de hoy día no se centra en vender un producto o servio, se concentra todo en crear una imagen atractiva a través de exponerte y hoy el nuevo marketing es un canto a la vida, nos gusta ver las experiencias de otros y compartirlas.

No las utilices para vender solamente, ni para difundir tu vida personal dando una mala imagen de ti. Profesionalmente tienes mucho que ganar en las redes sociales si haces un buen trabajo, pero es cierto que mucho que perder si *haces el tonto*.

Una peluquería de estos tiempos tiene que ser un centro multimedia, con muchas ideas, difusión y con muchas opciones de vídeo, de foto... para generar noticias y publicaciones de forma habitual. Tienes que tener siempre un pequeño photocall donde puedas hacerte fotos con tus clientes. Recuerda ser precavido y cuando hagas fotos en las que la gente pueda ver tu salón que este siempre lleno, con clientes, con vida. Eso es al final lo que la gente quiere. La gente va donde hay gente.

No decirle a nuestro cliente que le vamos a hacer una promoción de 2x1. Tenemos que decirles lo que hacemos, cómo lo hacemos, lo que nos divierte hacerlo, las novedades que tenemos. Para lanzar el negocio tenemos que empezar a hacer esto ya. Enseñarles las obras, nuestro proyecto, nuestra marca personal, nuestro logotipo, nuestra imagen, quiénes somos, lo que sentimos a la hora de abrir nuestro negocio. Esto hará que tu lanzamiento sea un poco más popular.

Hacer una presentación ese día donde tu público o tus amigos te acompañen, y des por inaugurado el local. Para que toda la gente que asista comparta contigo esos momentos y posteriormente lo utilices como promoción, boca a boca, esa publicidad funciona muy bien.

Olvídate de los folletos y esa papelería que a veces es obsoleta y no te va a ayudar mucho, solo a gastar dinero de tu presupuesto. Ten un buen menú de servicios, con una carta que se vea adecuada, con categoría, que se la puedas mostrar a tu cliente. Trabaja los canales sociales como *YouTube* y los que se te ocurran. Busca tener nuevas habilidades como hablar en público, fotografía para mostrar tus trabajos.

Hoy en día hay que exponerse, es una de las claves, haz ruido, si no, no serás visible y no existes. Si no somos capaces de exponernos al mundo, vamos a tener un problema grave porque alguien que hoy está escondido, repito, no existe. Te has dado cuenta que la competencia es grande y feroz, está a tu alrededor. Nosotros no queremos ser muy competitivos, sino decirle al mundo quiénes somos, y porqué y para qué estamos aquí. Así creamos un vínculo mayor con nuestros clientes.

Tendrás que aplicar la tecnología con todos tus sentidos, y si no sabes tendrás que contratar a alguien que pueda hacerlo por ti. No puedes obviar esta parte porque ya es una parte indivisible de lo que es hoy día un salón de peluquería.

Para esto, hay que tener un plan específico y un calendario, que esté todo situado en días o fechas, en situaciones constantes que están pasando, en el verano, el invierno, las navidades... y no trates de vender constantemente. Hay que vender sin vender, no es tan difícil, cuando ves un anuncio de *Coca-Cola* no te ofrecen una gratis por la compra de un pack o un regalo, te muestran un anuncio donde representan lo que son para el consumidor y despliegan su historia de felicidad y buen rollo, las promociones las dejan para el punto de venta en el supermercado. Lo mismo hace *Apple* y muchas empresas en todo el mundo que ya manejan esta información y saben que el neuromarketing funciona y atrae al consumidor.

Para ponerte un ejemplo más cercano, yo puedo poner una foto diciendo algo sobre el día de la madre, con mi imagen de marca y así la gente puede compartir esta foto, y mi imagen se está viendo ahí. Pero si ponemos otra imagen que pone que vengas a la peluquería, que tienes un regalo por el día de la madre, eso no lo va a compartir nadie porque aprovechas cada momento para vender algo y eso no gusta y menos en las redes sociales.

Lo que interesa es que la gente nos tenga presente en su mente y que decidan comprarnos cuando quieran, pero si estamos haciendo una insistencia fuerte y contundente a través de nuestras redes sociales, estamos ahuyentando a nuestros posibles clientes.

Estas son algunas ideas para que inicies el camino de internet y las redes sociales, porque te puede traer muchos beneficios y te puede situar como un referente en tu barrio, en tu ciudad o entorno. Ponte manos a la obra y trabaja estos conceptos, para saber cada día más sobre cómo manejar tu imagen o marca personal. Eso es lo que la gente va a evaluar y valorar cuando decida acudir a tu peluquería.

Esta es la manera de poder lanzar un negocio y poder hacerlo de forma adecuada, pero hay más. No la empieces a lanzar el día que abras, sino el día en que alquiles el local. Empieza a comunicar desde el primer momento, abre tus redes sociales, ten tu logotipo, todo el kit adecuado, tenlo todo preparado para que a cualquier persona que se acerque a ti en cualquier momento le puedas lanzar tu discurso inmediato.

Si tu obra dura un mes, estás en un mes de promoción. Esto es muy importante. No te olvides que cada persona con la que entres en contacto es un posible cliente, y más si tiene pelo. Si tiene poco pelo o es calvo, a lo mejor no te interesa hablar tanto con él. Atrae a los clientes con tu personalidad, mostrándoles las ganas que tienes de que vayan a tu local a que los puedas atender.

De forma continua y constante tienes que tirar de ese presupuesto de marketing que hemos cuadrado en la cuenta de explotación, y tienes que ir haciendo acciones de pago en los diferentes medios que pueden funcionar en tu ciudad. Sin derrochar mucho dinero, porque a día de hoy nadie tiene la tecla perfecta donde todos los clientes vengan en masa para hacer algo de publicidad. Pero si no haces nada, seguro que nada pasará.

Como la llave mágica no la tiene nadie a veces hay que hacer prueba, ensayo y error, para ver lo que te está dando los mejores resultados. Falla rápido y falla bien. El consumo va muy rápido, ganarse la confianza del consumidor es muy complicado, pero perderla es muy fácil. Si ves que algo no está funcionando, automáticamente haz un giro inmediato. Si un cartel que has puesto en la fachada no está gustando, cámbialo de inmediato, hazlo rápido, no dudes, tira de tu presupuesto. Si no tienes presupuesto **¡Ahí lo has fastidiado!**

Si empiezas a hacer una promoción adecuada, tendrás que hacer una división de tu presupuesto en torno a un 80% en internet y redes sociales y el resto en papelería u otros medios. Quédate con esta idea clara en este capítulo. Sin entrar mucho en detalles, en este libro hay un objetivo que va más allá de que tengas toda la información, y es que tomes conciencia de los cambios que se materializan en sociedad y que los adaptes a tu negocio, como siempre te invito a que leas libros de marketing o publicidad, que realices cursos que te ayuden a generar estas nuevas habilidades, en todas las propuestas que te hago como, fotografía, video, manejo de redes sociales e internet, hablar en publico y un largo etc, la situación ya cambio y hoy hay que ser un profesional mucho más completo, hay que adquirir más conocimiento y ser mucho más activo. En ocasiones los clientes me cuentan que son super modernos y que saben un montón, y luego no saben subir una foto a Facebook, en un caso real trabajamos un encargo para un salón que quería mejorar su imagen y le dimos las pautas adecuadas, le diseñamos el trabajo completo, en su escaparate pusimos uno de los servicios que demandan más los clientes, las mechas *balayage*, a las dos semanas, nos llama otra empresa y nos dice que la misma peluquería les había contratado porque le habíamos diseñado para el escaparate unos servicios que ella no hacía... **WHAOOOO!** Nos quedamos de piedra, pero esto es lo que pasa en nuestro sector, queremos ser modernos, hacer marketing y en ocasiones mil cosas más y no sabemos ni hacer nuestro trabajo. Por eso este mensaje de aprendizaje constante y de abrir la mente es la mejor conclusión que puedes sacar de esta lectura.

CONCLUSIONES
FINALES

«Tú lo pensaste,
tú lo creíste,
tu lo creaste.»

COMO has leído hasta ahora, han sido muchas cosas las que hemos repasado, no profundizando mucho en ellas pero sí poniéndonos al día de lo más importante que tienes que hacer para tener una peluquería de éxito. Espero que hallas sentido algo a la hora de leer este libro. No quería que fuera un libro muy largo, para que lo pudieras leer fácil y que sobre todo, te quedaran claros algunos de los conceptos claves.

Me gustaría insistir en este último tramo del libro, para finalizar, en algunos de los aspectos más importantes.

Tú eres lo más importante, tu imagen, tu pensamiento, todo lo que quieras crear en la vida está dentro de tu cabeza, en tu mente. Aprende, descubre cómo visualizar ese negocio.

Si sabes lo que quieres y lo tienes claro, probablemente lo puedas conseguir, el problema es, que la mayoría de las veces, no tenemos claro lo que queremos, y resulta difícil poder llegar hasta el final. Ahí está parte del fracaso que tiene mucha gente. Ten clara tu idea, cierra los ojos y ve cómo es tu negocio, imagínalo creciendo, que te veas trabajando allí. Es por donde empezamos, es donde empieza todo en tu mente. Que veas a tus clientes sonreír satisfechos, imagínate cómo conversas con ellos, imagínate todos los días entrando dinero en la caja.

Esto que parece una tontería, pero no es tan tontería cuando te das cuenta de que tú eres el poder y tienes el poder real de crear tu vida, de ser lo que quieras ser. Si no piensas de la forma correcta, no tendrás éxito en ningún área de tu vida. Busca el equilibrio en lo personal, en lo profesional, en tu vida. Sé feliz con lo que hagas, porque si no eres feliz no obtendrás buenos resultados, hay que ser feliz en todos los ámbitos.

La felicidad es un estado por el que puedes apostar desde ahora mismo. Desvincúlate del pasado si te ha salido algo mal. Los fracasos nos tienen que servir de aprendizajes para hacer mejor las cosas en el futuro y en el presente. Vive en el presente, cada día que pasa es un día menos, no es un día más.

Estas palabras que estoy escribiendo son las más importantes del libro para mí. Muchas veces fallamos por falta de técnica, pero en el 99,9% de las veces fallamos por la falta de pensamientos adecuados.

Cada pensamiento es una energía que lanzas al universo. Esa energía se convierte en poco tiempo en una realidad en tu vida, son las profecías auto cumplidas. Si quieres tener un negocio o peluquería de éxito, imagínate como una persona de éxito. Crea ese éxito en tu mente. Hazlo todo con el corazón, con el sentimiento y el sentir de poder servir a la sociedad, de poder arreglar ese problema del que hablamos en los primeros capítulos del libro. Cuando las cosas se hacen así, con esta intención, funcionan mejor. Todo es menos resistente, la vida no ofrece tanta resistencia, todo suele ser más fácil de lo que nosotros pensamos, porque no pensamos lo adecuado y nuestra mente nos traiciona constantemente.

Normalmente pensamos lo que nos conviene, ahí es donde está el truco. No pienses lo que te conviene, piensa en lo que te hace feliz, no pienses en lo que le conviene a la gente que está a tu alrededor. Piensa más en tus capacidades. Tus ideas son buenas ideas hasta que se las cuantas a mamá o a un amigo, en ese momento dejan de ser tan buenas, por que ya no son tuyas, están contaminadas por sus creencias. Protege tu sueño y tus ideas, y hasta que no estén realizadas no se lo cuentes a nadie.

Cuando disfrutes con tus pensamientos, te diviertas con ellos y tus ideas sean honradas, sean de corazón y te salgan del alma, entonces tendrás la peluquería perfecta.

Este es el único y exclusivo secreto que te puedes llevar en este libro, por desgracia serán pocos los que lo llegan a saber por abandonar la lectura en las primeras páginas. Siempre piensa feliz, sé feliz, sé como tú te sientas mejor, sé auténtico. Nunca dejes que nadie te robe tu sueño.

Recuerda que a cuatro que le cuentes la idea, te saldrán cinco o seis que te digan que no puedes hacerlo. Porque esos cuatro tendrán dos amigos al lado que te van a decir que estás loco, que cómo vas a hacer algo así. Pero si es tu sueño, es lo que quieres, es tu apuesta personal, porque al final es lo que te hace feliz, entonces adelante, a por ello. Con todo lo que tienes, con toda tu energía. Pero antes de hacer nada, créalo en tu mente. Avanza hacia un destino que te haga feliz, créalo. Si lo haces simplemente por tener dinero ¡**Error!**

Todo lo que consideres una necesidad, no lo vas a tener. Es tan sencillo y tan complicado a la vez.

Hay una frase bíblica que siempre comento en mis cursos:

«Al que tiene se le dará, y al que no tiene se le quitará.»

Lo importante y la interpretación que hacemos de esta frase es: si tienes el pensamiento correcto de prosperidad, si ya te sientes próspero, feliz, ya te sientes afortunado y pleno. Eso se te dará, si por lo contrario siempre estás en el deseo y en el anhelo de lo que no tienes, eso mismo es lo que obtendrás.

Hay una última cosa que me gustaría explicarte de la mente antes de acabar. Las personas luchan por lo que quieren, pero luchar no significa hacer en muchas ocasiones nada más que retrasar las cosas, la resistencia, el sacrificio y la pelea son lo que podemos llamar fuerza, y cada vez que usas fuerza en tu vida para hacer algo, no lograrás nada más que agotarte en el camino y nunca llegarás donde quieres. La fuerza es la carencia. Cuando estás deseando algo es porque tienes una carencia de ello. Entonces te frustras y te enfadas porque no lo logras. Usar la fuerza es negativo, no trae nada bueno.

Si entiendes que hay fuerza y poder, puedes cambiar las cosas que quieras en tu vida, y tú puedes crear tu vida.

Cuando usas tu poder, el poder de la alegría, del buen pensamiento, de tu estado correcto y al cerrar los ojos, visualizas las cosas buenas que te esperan en la vida, tienes fe y confías en la energía de la vida, todo saldrá bien.

Este es el mensaje de esperanza que te puedo dejar aquí por que yo lo he vivido así.

Grábalo en tu cuerpo. Pero recuerda, el poder lo tienes tú. Y si utilizas la fuerza para crear cosas, lo único que vas a lograr es que todo eso que deseas se aleje de ti, cada vez más y más.

El poder está en tus valores, en tus buenos pensamientos, en tu alegría, en que seas feliz con las pequeñas cosas del día, en que des las gracias por lo que tienes, en que te transformes en esa persona maravillosa que va a lograr todos sus objetivos en la vida, porque esos objetivos te hacen feliz y te hacen ser la persona que tú, quieres ser.

> *«El amor es la energía*
> *más limpia que hay*
> *en el universo, úsala*
> *para construir la*
> ***peluquería perfecta.»***
>
> **Fernando Suarz**

TRIBBEAUTY

«Juntos avanzamos
más rápido.»

TRIBBEAUTY, el programa de entrenamiento creado por Fernando Suarz que te llevará donde tú estés dispuesto a llegar. Cuando diseñé Tribbeauty solo pensaba en cómo poder ayudar a mis compañeros y familia, después de ver como desde el crecimiento personal yo mismo lograba sentirme mejor y avanzar en mis proyectos, pensé que la mejor forma de poder ayudar era transmitiendo este conocimiento que hace que la vida y los negocios fluyan mejor.

Nunca pensé que darles a las personas herramientas fuera útil, por la sencilla razón de que si no las sabes usar o tu psicología no es la adecuada, no te servirían para nada, al menos a mí, nunca me fueron de utilidad. Es como llevarte la comida a casa todos los días y no enseñarte a cocinar.

En Tribbeauty, no solo te muestro las herramientas para crecer personal y financieramente, te descubro como darles un uso práctico para que entrenes, practiques y te transformes en una verdadera persona de negocios con el equilibrio emocional y las ventajas de un pensamiento sin lastres. Unas nuevas creencias que apoyarán tu proyecto y tu calidad de vida constante.

Tribbeauty está inspirado en la naturaleza más salvaje y los elementos que la componen como parte de la vida. Elementos que forman nuestra vida y nuestro ambiente, que se muestran como emociones que fluyen dentro de cada ser humano.

Desde la **tierra** donde nace toda la vida, es donde en Tribbeauty ponemos las primeras semillas de tu crecimiento para que lo que lo que coseches en el futuro sea lo que siembras hoy.

El **agua** es donde la vida se transforma y desde este elemento empezamos a pensar en cómo fluir en los objetivos financieros de forma constante, llevando nuestros proyectos adelante sin resistencia y con la fluidez que nuestras acciones necesitan para crecer.

El **aire** es uno de lo elementos a los que le damos la importancia de saber hacia donde vamos y poder dominar y desplegar nuestras velas para que nos lleve de forma más rápida hacia donde queremos llegar, dominando este elemento aumenta la velocidad, conociendo los atajos que el aire nos da, el camino es vertiginoso.

Y la última parte de nuestras creaciones en entrenamientos exclusivos, el **fuego**, donde la transformación, la energía y la agresividad controlada del fuego nos llevará a la transformación en verdaderos creadores de nuestro destino, con el conocimiento, la pasión y el entusiasmo por la acción.

Tribbeauty es el entrenamiento más inteligente que se puede crear.

La naturaleza es la máquina perfecta y el equilibrio de nuestro pequeño planeta, tú tienes estos elementos en ti, domina los elementos con tu inteligencia emocional y el conocimiento. *Transforma tu vida.*

No basta con saber hacer, hoy día tienes que entender por qué lo haces y qué te hace diferente a todos. Crear una ventaja competitiva desde ti mismo es el objetivo de Tribbeauty.

El programa te descubre tus puntos más fuertes y refuerza tu psicología para realizar una transformación personal que elevará tu energía y capacidad hasta los límites que tú mismo te impongas.

Una escuela, un concepto, un servicio de atención, un grupo de personas que alineamos nuestros pensamientos y objetivos para avanzar juntos en la vida y en nuestros negocios. Servicios exclusivos para todos los componentes de la tribu. Formación, clases semanales, atención personalizada, servicios de publicidad, diseño, marketing, moda y mucho más. Tribbeauty no tiene límites porque la unión hace la fuerza y cada día crecemos y añadimos complementos exclusivos, nuevas formaciones, servicios y entrenamientos.

Nunca existirá nada igual, **porque Tribbeauty eres tú y el conjunto de personas que lo configuramos.**

El objetivo, crecer y avanzar. Si es lo que quieres, solo tienes que unirte a nuestra tribu y formar parte del proyecto más ambicioso que encontrarás en tu camino, porque ese proyecto eres tú mismo.

*«Tribbeauty ha nacido para construir tu **éxito** desde el compartir.»*

¿Qué sembrar para recoger
lo que quieres?

TRIBBEAUTY
Tierra

TRIBBEAUTY Tierra es donde empieza el camino hacia el éxito en tu negocio de peluquería. Un programa de entrenamiento online basado en el coaching más emocional.

Si entiendes que todo está dentro de ti el camino será más ligero y comprenderás mejor como eres y qué haces aquí. Tu misión y tus objetivos de vida. Descubrirás que todo está conectado con tus emociones y forma de pensar, tus creencias.

Todo este entrenamiento lo podrás realizar online y en vivo. En el momento que realicemos algún evento cerca de ti. Esa es la gran ventaja de estar en nuestra tribu, no tendrás que pagar actualizaciones ni eventos en vivo que estén dentro de tu programa, si te unes a nuestra tribu de crecimiento personal y empresarial, siempre estaremos a tu lado.

Tribbeauty tierra es el primer paso e incluye nuestro entrenamiento **Metamorfosis** y **El Juego de Vender.** Dos entrenamientos que son básicos e imprescindibles para cualquier profesional que desea prosperar en los negocios de peluquería o belleza.

No podrás acceder a más entrenamientos si no completas el programa tierra. Existe un sistema para el cambio y tras descubrir que funciona para todos los que se unen a nosotros solo hacemos que mejorarlo día a día para que cada vez el cambio sea más rápido y efectivo.

El programa tierra es algo extraordinario para cualquier ser humano que se sienta estancado en su negocio y desea progresar. Solo trabajamos contigo si tu quieres, porque el cambio está en ti. Tú eres tu mejor herramienta de trabajo y nosotros solo te ayudamos a descubrir y potenciar tus mejores habilidades.

Observa tus resultados, y si no te gustan cambia con Tribbeauty tierra. La mejor forma de sembrar las semillas de tus nuevos resultados. El éxito no es casualidad y deja rastro, hemos recogido ese rastro de las personas de éxito y te entregamos el sistema para que logres dar un gran giro a tu vida personal y empresarial.

«Reinvéntate y renace con Tribbeauty»

«Regar de sabiduría
tú proyecto.»

TRIBBEAUTY

Agua

EL agua es vital para nuestra existencia, el cuerpo está compuesto en su mayoría por agua y al igual que este elemento tu economía es la que nutrirá tus proyectos para avanzar.

El dinero es como el agua, tienes que descubrir cómo puedes lograrlo y hacer que fluya para que puedas proteger siempre las cosas que más amas, tu familia, tu calidad de vida, tu negocio. Tu futuro siempre depende de que tengas recursos financieros y sin ellos no estarás nunca satisfecho.

El tener tu vida hidratada y nutrida de recursos financieros suficientes es una de las cuestiones que más relevancia le damos a este entrenamiento diseñado para eliminar tus creencias más antiguas acerca del dinero. Creencias que te impiden lograr la prosperidad junto con los malos hábitos que te llevaron o te tienen atascado en la carencia y la falta de recursos.

Entender las reglas de la mente, la eficacia que tienen en tu pensamiento y los secretos de los números de nuestros negocios de belleza te llevará a tomar acciones para el cambio inmediato y agilizar tu economía logrando resultados extraordinarios en poco tiempo.

El agua nos inspiró a pensar en el buen hacer de nuestros números, nuevos hábitos, nuevos sistemas de gestión y nuevos modelos de negocio que hacen que por fin encuentres el camino más ideal para lograr lo máximo en tus negocios. Todos somos capaces de lograr lo que nos propongamos, sin duda alguna, con un modo de pensar y hacer creado para la prosperidad estamos seguros de que será más fácil.

En el entrenamiento Tribbeauty agua se incluye el curso **Beauty Million.** La máxima expresión del coaching financiero, adaptada a nuestra industria para que comprendas y actúes en consecuencia con tu vida.

El entrenamiento agua también incluye la formación **Las Cuentas Claras,** donde repasamos las estrategias financieras y los números de los negocios de peluquería.

Entender los números y la forma en que se gana el dinero te ayudará a crear nuevos servicios y productos que harán que tu economía prospere de forma natural.

Como extra tienes nuestro curso de **Imagen social red,** un avance para que descubras cómo ganar los primeros clientes en redes sociales y cómo transformar tu imagen de marca para que el público te perciba como un referente en tu zona de actuación.

«El entrenamiento agua transforma tu
economía y la hace fluir de forma natural»

«Despliega tus velas
y avanza con el
viento a favor.»

TRIBBEAUTY

Aire

E L aire, el elemento que cuando lo dominas logras aumentar la velocidad a la que llegas donde tú quieres.

En Tribbeauty sabemos los atajaos y hacia donde debemos orientarnos para llegar mejor y más rápido a grandes metas y objetivos.

Nuestro entrenamiento desarrollado exclusivamente en vivo y con soporte en línea, te hará descubrir todos los aspectos más relevantes de un proyecto de peluquería en crecimiento.

En este programa te invitamos a un crecieron continuo, a salir de tu zona de confort y crear una empresa que sea escalada y con el tiempo logres tener una calidad de vida mejor.

El viento nos inspira en el camino y nos hace aumentar nuestros recursos, elevar nuestros objetivos y construir metas más altas en nuestra vida, con el conocimiento y la acción de nuestro lado.

Un entrenamiento de 3 días completos no apto para todo el mundo, solo para profesionales que buscan crecimiento y conocimientos avanzados para hacer de su negocio algo verdaderamente exitoso.

Un gran avance, tribbeauty aire es el programa para empresarios peluqueros que te llevará de forma definitiva al crecimiento más exitoso.

"Si no estás creciendo, estás muriendo".

TRIBBEAUTY
Fuego

EL fuego es acción, es pasión, es poder. Eso es nuestro evento fuego. Algo mucho más que una formacion cualquiera, el fuego es todo lo que los grandes tienen, los elementos financieros más audaces, el crecimiento de una gran empresa y un gran viaje que nunca olvidarás. Nuestro evento fuego es inolvidable.

El profesional que llegue a este momento en el que necesita una explosión para crecer tiene el fuego como su aliado.

Fuego incluye unos extras y servicios que nunca jamás fueron creados para la industria de la belleza, tendrás herramientas exclusivas, te daremos mucho trabajo realizado solo para ti y tu expansión como marca.

Es imposible que podamos decirte en una sola página la inmensidad de este programa, por eso siempre te invitamos a completar la información, pero recuerda que para llegar aquí, tienes que tener todos los elementos dominados. Nadie puede comprar o llegar al fuego sin pasar por nuestros otros programas de entrenamiento.

La exclusividad de fuego, el entrenamiento que se ofrece y los extras en servicios de élite que conlleva, hacen que este elemento sea para muy pocos elegidos.

Hacemos que las cosas sucedan para ti, tú eres acción y haces que sucedan más rápido, ese es el valor de trabajar en equipo.

¿Dónde quieres llegar?

111

«De estilista a empresario
apasionado.»

CASOS DE ÉXITO

Miguel Ángel Sánchez de Peluquería M.A.S.

Después de 8 años con mi negocio, empecé a estar desanimado, cansado y algo aburrido, me pesaba la peluquería y no veía opciones de crecer o hacer algo que me llenara, más que estar haciendo todos los días algo que se había transformado en una pesada rutina que me atascaba y me tenia muy estancado. Esa falta de ilusión me hacía cada vez perder capacidad en mi negocio. Hasta que algo un día cambió.

Uno de esos días que rebuscas en la vida, di con youtube y encontré a Fernando, vi un video y ahí todo empezó a cambiar. **¡Me hizo cambiar el chip!**

Contacté con él y pude ir al curso en vivo de Metamorfosis. Ahí empezó todo. En definitiva, cambió mi forma de ver la vida y el trabajo, todo cambió en un instante. Resurgió mi buen humor, mi creatividad, y me transformí en una versión de mí mismo mejorada, empecé a estar a gusto conmigo mismo. Vi todas las posibilidades y todo lo que podía hacer, le di un gran cambio al salón y sobre todo a la forma de ver las cosas. Haciendo las cosas diferentes, pude obtener resultados diferentes.

Dos años después de trabajo duro cambió todo en mi proyecto de peluquería, en mi trabajo diario y en mí. Comencé a hacer cosas que nunca antes había pensado y eso me llevó a obtener esos resultados que tengo ahora mismo.

Mi peluquería ahora está casi siempre llena, logré invertir y comprar mi propio piso y abrí un canal de youtube.

El canal de youtube es una de mis grandes motivaciones y además de generarme ingresos económicos, me ha abierto las puertas de varias firmas comerciales con las que tengo acuerdos que benefician cada vez más a mi negocio, logro captar nuevos clientes de forma constante y tengo la posibilidad de enseñar cómo hago las cosas en mi peluquería, algo que me hace crecer más como profesional y persona. Pero bueno, todo esto del canal es más largo de contar y eso es otra historia que podrás ver cuando llegue a los 100.000 suscriptores en Youtube, uno de mis próximos objetivos que me llevará al siguiente, lanzar mi propio libro contando mi experiencia y vivencias y hasta dónde pueda llegar, porque ahora sé que no hay límites.

*«Gracias Fernando por ayudarme a convertirme
en la mejor versión de mí mismo.»*

Fuengirola, Málaga

Miguel Campos de Salón 14

Soy Miguel Campos, propietario de Salón14, un concepto de salón que junto a Fernando y sus ideas pudimos configurar como lo que es ahora mismo.

Es para mi un sueño hecho realidad, la ilusión de construir algo único en mi ciudad y contar con el apoyo y la atención de Fernando fue un alivio y siempre me mantuvo en la dirección adecuada durante todo el proceso.

Para Salón14, el haberte coincidido en el camino, ha sido una de las cosas fantásticas que pasan en la vida en un momento concreto, y que sabes que van a perdurar eternamente. Tantas dudas, tantas preguntas, tantas indecisiones, y ahí estás siempre que te necesitamos, aconsejándonos y mostrando el mejor camino a seguir, siempre en nuestro beneficio.

¿Definir a Fernando?

Inteligente, apasionado y leal, amigo de sus amigos.

¿Cómo entiendo Tribbeauty?

Lo entiendo como un concepto completo para un buen desarrollo de nuestro negocio, donde la evolución es dinámica y constante, 100% recomendable.

En resumen todo un acierto el haberte conocido y esperar que esto solo sea el comienzo, que con con el tiempo logremos crecer más a tu lado, porque juntos nos hacemos más fuertes.

Alzira, Valencia

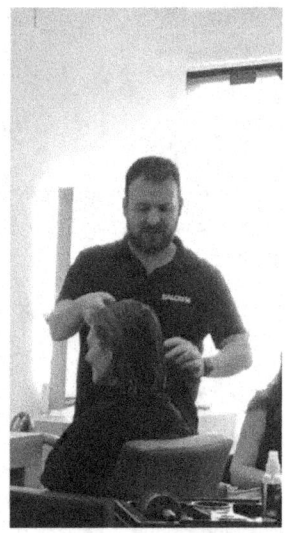

Raquel Mata, de Raquel Mata Hair Salon

SOY Raquel Mata, propietaria del centro Raquel Mata Hair Salon, y esta, es nuestra pequeña historia de éxito.

Como muchos de los que estáis leyendo esto, el salón iba más o menos bien, pero sabíamos que se podía mejorar en muchas áreas que no teníamos en cuenta o que por otra parte desconocíamos.

Desde que conocimos a Fernando y a los compañeros de Tribbeauty, el negocio ha cambiado por completo.

Siempre hemos orientado la formación hacia lo técnico pero con esta nueva etapa también hacia el marketing, la comunicación, los recursos humanos, el contacto con los compañeros de profesión, la imagen de marca, contabilidad, rentabilidad y protocolos, etc.

Son muchas cosas más a las que ahora estamos atentos y eso hace que nuestro negocio crezca y nosotros sintamos más control.

Nuestros logros más recientes son los que nos permiten ampliar la superfície del salón de 40 a 80 metros cuadrados, manteniendo la misma esencia y cambiando el concepto, ampliando servicios y ganando en satisfacción de todos los clientes que nos visitan.

Gracias Fernando por tus aportaciones y gracias a todos los compañeros de Tribbeauty por su apoyo constante.

Málaga

«Únete a nuestra tribu.»

© Autor: Fernando Suarz
© Edición y diseño: XELA PRESS, S.L.
   <rdeotero@xela.es>
Diseño de la portada: Alba Manzano

Primera edición: Septiembre 2017
Segunda edición: Marzo 2018

Únete a tribbeauty en http://fernandosuarz.com/tribbeautyonline/
Web oficial tribbeauty: www.tribbeauty.com

Visita la web oficial de Fernando Suarz: www.fernandosuarz.com
Contacta con el autor en: fernando.suarz@gmail.com

Sigue a Fernando en las redes sociales:
Instagram: https://www.instagram.com/fernandosuarz/
Twitter: https://twitter.com/fernandosuarz
Facebook: https://www.facebook.com/fernandosuar...
LinkedIn: https://es.linkedin.com/in/fernandosuarz